Werte und Wohlstand

Bertold Höcker/Matthias Herzberg

Werte und Wohlstand

Das abendländisch-christliche Menschenbild als Erfolgsfaktor eines Unternehmens

Alle Inhalte dieses Buches verantworten die Autoren gemeinsam.
Die Kapitel 6.5. und 6.6. schrieb Matthias Herzberg.
Alle anderen sind von Bertold Höcker.

Projektberatung, Satz und Vertrieb: Palmedia Publishing Services GmbH, Berlin
Coverillustration: Paul Meuser

ISBN 978-3-9813375-5-6

Inhaltsverzeichnis

Vorworte

Peter Helzel, University of New York

On April 4, 1968 at The Riverside Church of New York City, Rev. Dr. Martin Luther King, Jr. proclaimed, "I am convinced that if we are to get on to the right side of the world revolution, we as a nation must undergo a radical revolution of values. We must rapidly begin the shift from a thing-oriented society to a person-oriented society. When machines and computers, profit motives and property rights, are considered more important than people, the giant triplets of racism, extreme materialism, and militarism are incapable of being conquered." The instrumental logic of consumer capitalism can lead to dehumanization-- people treated as objects to be manipulated through the marketing of desire. Inspired by Dr. King, Bertold Höcker argues that people are the key to successful enterprise today. All people are sacred and deserve to be loved and respected within the economy, instead of commodified. This personalist ethic is an innovative approach to the "New Economy" emerging in North America and Europe in deep solidarity with the economies of the developing world.

Globalization presents new challenges to corporate and religious leaders today; it is clear that something in the global infrastructure is broken. Bertold Höcker is on the vanguard of the movement for a New Economy that seeks to heal our society and ultimately enable all people to flourish. American economist Gar Alperovitz argues that the New Economy movement is "increasingly green and socially responsible, and one that is based on rethinking the nature of ownership and the growth paradigm that guides conventional policies." The New Economy gives more people agency over their future in a way that honors the whole community of creation.

Höcker contends that a just and sustainable economy must emerge through deep changes at the policy level and in the texture of our relationships and values. Faith communities offer an important example of the practice of interdependence, re-rooting human identity in the primacy of relationship. Since all people are made in the image of God (imago Dei), we must lead with deep interpersonal intelligence, valuing all people and their unique gifts. Collective visioning, creative strategizing, team building and honest evaluation are paramount. Prophetic civic leadership flows out of the depths of our being, our intentional meditative practice and our solidarity with humanity. The promise of a New Economy—one that encourages the flourishing of all people—allows all of us to lead fuller, loving lives.

Jutta Allmendinger, Wissenschaftszentrum Berlin für Sozialforschung

Akute Herausforderungen wie die Wirtschafts- und Finanzkrise, die Energiewende, der demografische Wandel und Forderungen nach stärkerer gesellschaftlicher Teilhabe stellen all jene, die bedeutsame Entscheidungs- und Steuerungsfunktionen in unserer Gesellschaft wahrnehmen, vor neue Aufgaben. Nehmen sie diese Herausforderungen an, oder ziehen sie sich zurück? Sind sie bereit, Verantwortung zu tragen? Was motiviert ihr Handeln?
Das Wissenschaftszentrum Berlin für Sozialforschung (WZB) hat Entscheidungsträger aus allen gesellschaftlichen Bereichen zu ihren gesellschaftspolitischen Einstellungen und Handlungsmaximen befragt. Das Ergebnis zeigt, dass sich die überwiegende Mehrheit (91 Prozent) der Führungspersonen in der Pflicht sieht, die gesellschaftlichen Herausforderungen anzunehmen. Vor allem motiviert sie dabei die Möglichkeit, die Gesellschaft aktiv mitzugestalten (92 Prozent). Zwei Drittel von ihnen sehen sich durch ihre herausgehobene Position in der gesellschaftlichen Verantwortung. Die Befragten begründen ihr eigenes Handeln also mehrheitlich mit positiven Werten wie Gestaltungswille und Verantwortungsgefühl. Die anderen Entscheidungsträger schätzen sie dagegen weniger gemeinwohlorientiert ein. Daher mag es kaum verwundern, dass sich insbesondere jüngere Führungskräfte eine Diskussion darüber wünschen, auf welchen Werten unsere Gesellschaft basiert. Ist das Handeln nach wie vor beispielsweise auf soziale Gerechtigkeit, Chancengleichheit beim Zugang zu Bildung oder Nachhaltigkeit ausgerichtet?
Gemeinsame Werte können dabei helfen, sich angesichts der enormen gesellschaftlichen Herausforderungen zurechtzufinden. Ziel muss es daher sein, sich über eine neue Verantwortungsgesellschaft in Deutschland zu verständigen. Über die Grundwerte unserer Gesellschaft und darüber, wie wir in Zukunft leben wollen.

1. Einleitung

Die vielfältigen Herausforderungen eines globalisierten Marktes verlangen nach grundsätzlicher Orientierung für Kultur und Organisation eines wirtschaftlich handelnden Unternehmens. Jörg Ritter hat es so formuliert: „Führungspersönlichkeiten, nicht nur in der Wirtschaft, sehen sich heute mit neuen Herausforderungen konfrontiert. Die Grenzen, die früher in Bezug auf die eigene Tätigkeit, auf Märkte und Produkte galten, sind ins Wanken geraten. Jeder sieht, dass keiner allein weiterkommt. Doch man findet noch zu selten zusammen. Letztendlich mangelt es an einem Leitbild, wie das Führen von Organisationen und Menschen über Sektoren hinaus gelingen kann."

Die westliche Wertegemeinschaft hält dabei einen Schatz in Händen, der dieses geforderte Leitbild bereits hervorgebracht hat: Das abendländisch-christliche Menschenbild. Dieses Buch konkretisiert dieses Menschenbild dahingehend, dass es zum ökonomischen Erfolgsfaktor wird. Dabei gehen wir davon aus, dass eine Unternehmenskultur, die sich diesem Menschenbild als Leitprinzip verpflichtet, langfristig wirtschaftlich erfolgreich ist und an Kreativität und Innovation von anderen Unternehmen nicht übertroffen werden kann. So wie in einem Flughafen der Tower der Vielfalt der Flugzeuge und ihren Zielen Ordnung, Orientierung und Sicherheit gibt, so erzeugt das abendländisch-christliche Menschenbild als Leitprinzip eines wirtschaftlich handelnden Unternehmens umfassenden Erfolg, wenn es seine Wirkung in der Führung von Unternehmen entfalten kann.

Als ein solches Leitbild wird hier für die Orientierung der Führungskräfte das abendländisch-christliche Menschenbild vorgestellt und in seinen Konsequenzen für Kultur, Organisation und Führungspraxis eines Unternehmens präzisiert. Um diese Grundorientierung plausibel darzustellen, werden zunächst die klassischen Wertorientierungen beschrieben und ihre Chancen und Risiken dargestellt. Das abendländisch-christliche Menschenbild wird im Anschluss vorgestellt und für die Entwicklung eines Unternehmens konkretisiert und fruchtbar gemacht. Als Ergebnis dieser Beschreibungen kommen wir zu dem Schluss, dass Personalentwicklung eines Unternehmens generell dem Aufbau von Selbstwertgefühl als Grundprinzip zu dienen habe und beschreiben, wie dieses aussehen könnte. Dabei fließen die Erfahrungen von Bertold Höcker als Unternehmensberater mit psychologischen und theologischen Einsichten zusammen und stellen einen in sich geschlossenen Entwurf für eine entsprechende Unternehmenskultur- und Organisation vor. Matthias Herzberg konkretisiert einige der Grundlegungen aus der Beratungspraxis in Unternehmen.

Ausdruck des abendländisch-christlichen Menschenbildes ist in diesem Buch auch die konsequente Verwendung inklusiver Sprache. Entweder wird der kollektive Plural verwendet oder zwischen männlichen und weiblichen Formen abgewechselt.

Dr. Bertold Höcker/Matthias Herzberg

Berlin/Köln/New York im Sommer 2014

2. Chancen und Risiken von Leitbildern und Gefahr von Wertorientierungen

Leitbilder sind heute aus der Unternehmenskommunikation kaum noch wegzudenken. Sie stellen den Versuch dar, die Kultur und die Ziele eines Unternehmens innerhalb und außerhalb festzulegen und eine Richtungsangabe für die Weiterentwicklung bereitzustellen. So weit so gut.

In der Erfahrung etlicher Männer und Frauen, die mit diesen Leitbildern umgehen, sind diese meist hehre Wunschvorstellungen, die an der Realität kaum einen Anhalt haben. Meistens formulieren sie einen Anspruch aber nicht die Wirklichkeit eines Unternehmens. Die Qualität eines Unternehmens lässt sich jedoch daran messen, in wie weit das Leitbild mit der gelebten Unternehmenskultur in Einklang steht. In der Regel wird nämlich ein Leitbild als Ideal zunächst theoretisch formuliert und mit als richtig erkannten Prinzipien begründet. Dabei dient ein Leitbild primär der Außendarstellung, um für sich zu werben und anschlussfähige Wertevorstellungen als Vorteil zu nutzen. Das ist für sich genommen auch in Ordnung. Wenn allerdings die gelebte Unternehmenskultur von diesem Leitbild abweicht, wird aus werblicher Darstellung leicht ein Offenbarungseid. Dieser ist dann in seiner Wirkung nachhaltig verheerend.

Ein Leitbild, das die wahrhaftige Unternehmenskultur beschreibt, ist leider manchmal nicht sehr werblich. Darum gilt es, Wahrhaftigkeit und Anspruch miteinander in Deckung zu bringen.

Intern gilt ein Leitbild oft als anzustrebendes Ideal. In der Regel sind aber Menschen nicht davon erfreut, sich einem Bild ähnlich zu machen und sich in ein Prokrustesbett zu legen. Dieses ist ein sprichwörtlicher Ausdruck für die Situation, dass man einen Menschen oder eine

Gegebenheit gewaltsam an ein vorgegebenes Schema anpasst. Hinter diesem Sprachbild verbirgt sich die mythische Erzählung vom Riesen und Wegelagerer Prokrustes, der Reisende an sein Bett fesselte und danach ihre Körpergröße gewaltsam an die Größe des Bettes anpasste. Waren die Opfer zu groß, hackte er ihnen die Füße ab, waren sie zu klein, dann streckte er sie auf einem Amboss. In diesem gewalttätigen Bild steckt genau die Energie, Mitarbeitende eines Unternehmens zumindest in ihren Handlungen an Leitbilder anzupassen. Wird dieses versucht, kann in der Regel langfristig weder eine Verhaltens- noch Kulturveränderung hervorgerufen werden. Alle Veränderungen werden sofort nach Wegnahme des Druckes auf die Mitarbeitenden wieder verschwinden. Dieses ist eine grundlegende Einsicht der Psychologie. Dennoch wird es immer wieder versucht, und damit werden viele Ressourcen verschwendet.

Wenn ein Leitbild wirklich etwas taugen soll, müssen Anspruch und Wirklichkeit übereinstimmen. Um dieses Ziel wirklich zu erreichen, bleibt nur eine systematische Kulturveränderung eines Unternehmens als erfolgreiche Methode übrig. Nach dieser Methode muss sich zunächst die Kultur der Führungspersonen eines Unternehmens verändern. Das geht auch nur im Prozess und ist immer langwierig. Denn nach Einsichten des abendländisch-christlichen Menschenbildes verändert sich kein Mensch gern. Wenn allerdings erste Erfolge der Kulturveränderung sichtbar sind, dann lässt sich dieses konkret in ein Leitbild umformulieren und der weitere Prozess beschreiben. Das ist glaubwürdig, weil es fast allen Menschen plausibel ist. Und die Glaubwürdigkeit ist heute eines der zentralen Unternehmenswerte.

Die Glaubwürdigkeit entsteht aber nicht durch Texte, die im Internet und auf Broschüren stehen, sondern durch konkretes Handeln eines Unternehmens, das bereit ist, aus seinen Handlungen die wirklich handlungsleitenden Prinzipien zu benennen und zu kommunizieren. Wenn die handlungsrelevanten Grundsätze, die ein Unternehmen täglich lebt, in einem Leitbild Ausdruck finden, dann ist dieses glaubwürdiger als noch so wunderbare allgemein richtige Wertvorstellungen eines Unternehmens zu veröffentlichen.

Wenn Leitbilder also Ausdruck einer Unternehmenskultur und nicht idealisiertes Wunschdenken für Werbung darstellen, sind sie unverzichtbarer Bestandteil moderner Unternehmenskultur. Leitbilder können natürlich auch den Anspruch formulieren, wohin ein Unternehmen sich entwickeln soll. Dann ist es jedoch besser, von Zielen zu sprechen, diese zu formulieren und mit dem üblichen Methodenkanon umzusetzen. Ein glaubwürdiges Leitbild beschreibt heute Prozesse in Unternehmen und die mit ihnen verbundenen Zielvorstellungen. Konkrete Darstellung von Prozessverläufen bewirkt mehr Identifikation mit einem Leitbild als noch so hehre Zielbeschreibungen und Wertvorstellungen.

Zu diesem Punkt gehört, dass ein Unternehmen sich zu Werten bekennt. Das ist einerseits gut und richtig, andererseits trifft auch hier das vom Leitbild gesagte zu. Wenn ein Unternehmen sich dem abendländisch-christlichen Menschenbild verpflichtet, dann ist das ein Anspruch, aber noch kein Wert an sich. Die Werte folgen aus der Deutung des Menschen. Sie sind aus sich heraus noch kein Wert, wenn nicht die Grundlage seiner Hervorbringung benannt wird. Erst wenn ich konkret beschreibe, was ich unter dem abendländisch-christlichen Menschenbild verstehe, kann ich davon abgeleitete Werte kommunizieren. Ansonsten werden hier Ursache und Wirkung verwechselt. Der Ruf nach Werten gerade in einer Wirtschaftskrise verhallt in der Regel ungehört oder zumindest ungelebt, wenn nicht die grundlegende Deutung vorgestellt und alle Werte von ihr abgeleitet werden. Werte ohne eine Grundlegung sind vor allem Schwankungen von Stimmungen und Märkten schutzlos ausgeliefert, weil sie in der Regel nicht aus sich selbst begründet werden können, wenn man nicht das Menschenbild oder eine bestimmte Deutung von Wirklichkeit zu Grunde legt.

Wenn ich das abendländisch-christliche Menschenbild zur Basis eines Unternehmens mache, hat das natürlich erhebliche Konsequenzen für das Ganze. Allerdings ist ein Wert sehr stark, wenn er durch eine solche Grundlegung begründet und in den Zusammenhang des Unternehmens eingeordnet wird. Das erhebt z.B. das Unternehmen grundsätzlich davon, zu viele Details zu regeln, weil ja die Grundlegung klar ist. Damit braucht nicht in allen Einzelheiten eine feste Ordnung oder gar eine statische Absicherung von Verfahren erlassen und durchgesetzt zu werden. Leitbilder können auf die notwendige Grundlegung und einige spezifische Besonderheiten reduziert werden. Damit stehen sie längerfristig in Geltung und müssen nicht bei jedem Unternehmensumbau oder Marktveränderung neu formuliert werden.

Durch ein Leitbild, bei dem Unternehmenskultur und seine Werte aus einer soliden Begründung des Menschenbildes resultieren, erwächst auch Kreativität. Ein Leitbild, das einen begründeten Referenzrahmen für die Tätigkeit aller Mitarbeitenden bereitstellt, ermöglicht Freiheitsspielräume, die genutzt werden. Sie werden genutzt, weil nach den Erkenntnissen des abendländisch-christlichen Menschenbildes Männer und Frauen solche Spielräume suchen, um ihre von Gott gegebenen Charismen zu entfalten und ihr „Geschenk-an-die-Welt“ Sein auch zu leben.

Wenn das Fundament stabil ist, lassen sich darauf verschiedenste sichere Gebäude errichten. Ist das Fundament aber ein Sand aus vielen Werten, kann sich kein großes Gebäude darauf gerade in der Krise halten. Ich werde das im Kapitel über Managing Diversity noch ausführlich beschreiben.

3. Bedeutung des Menschenbildes für Kultur und Erfolg eines Unternehmens

Jedes Unternehmen vertritt bewusst oder unbewusst ein Menschenbild, das sich aus den Handlungen ableitet, die von den Mitarbeitenden des Unternehmens ausgeführt werden. Darüber hinaus spiegeln auch Kultur und Organisationsstruktur eines Unternehmens dessen Auffassung vom Menschen wider. Dieses Menschenbild kann wiederum, wenn es konstruktiv erfasst und klar entschieden wird, die Kultur und Organisation eines Unternehmens so beeinflussen, dass es daraus verstanden wird und innerhalb seines Marktes Erfolgsgeschichte schreibt. Denn ein Unternehmen ist immer so gut wie seine Mitarbeitenden und wie diese geführt werden.

Wenn also ein Unternehmen seine Mitarbeitenden ständig kontrolliert und ihnen keinen Vertrauensvorschuss gewährt, leitet sich daraus ein Menschenbild ab, in dem ein Mitarbeiter als grundsätzlich faul, fehlerbehaftet und betrügerisch wahrgenommen wird. Ein solcher Mitarbeiter wird folgerichtig zum Unternehmen kein Vertrauensverhältnis aufbauen und bestrebt sein, nicht aufzufallen. Im Kapitel über Selbstwertgefühl werden wir aufzeigen, dass dieses leider einen Persönlichkeitstyp anzieht, der für ein Unternehmen schädlich ist, weil jegliche Innovation und Teamleistung als grundlegend gefährlich gedeutet wird. Gelingt es durch Struktur und Kultur eines Unternehmens jedoch, ein Klima zu schaffen, in dem Vertrauen, Mut zu Fehlern und Wertschätzung der Individualität eines Mitarbeitenden gewürdigt und genutzt werden, wird dieses Unternehmen durch Innovationsleistungen und geringen Krankenstand ausgezeichnet sein. Fragen Sie sich, wie sie selbst gern arbeiten und angesehen werden möchten, und sie werden erkennen, wie gerne fast alle Menschen in einer Kultur des Vertrauens und der Arbeitszufriedenheit wirken möchten.

Neu in der gesamten Wirtschaftsgeschichte ist, dass heute aus ökonomischen Gründen wie noch nie zuvor Menschen mit einem hinreichenden Selbstwertgefühl gebraucht werden. Selbstwertgefühl wird nach Nathaniel Branden als das Vertrauen auf die Wirksamkeit unseres Verstandes, die Fähigkeit zu lernen, die richtigen Entscheidungen zu treffen und mit Veränderungen fertig zu werden, beschrieben.

Dieses gründet einerseits in dem Wandel von einer Manufaktur- zu einer Informationsgesellschaft, dem rückläufigen Bedarf an manueller Arbeit und dem herkömmlichen Arbeiter und andererseits in dem schnell wachsenden Bedarf an Fachkräften, die über bestimmte soziale, mathematische oder verbale Fähigkeiten verfügen. Gefragt sind heute Personen mit Wissen und Verständnis für Veränderungen und Grenzen sowie klarer Kommunikation durch verschiedenste Medien.

Noch 1909 brachte F.W. Taylor, ein Pionier des wissenschaftlichen Managements, die Funktion eines Mitarbeiters auf den Punkt: Die Aufgabe des Mitarbeiters bestehe darin, „herauszufinden, was der Boss will und ihm genau das zu geben, was er will." Der Mensch hatte außerhalb seiner ausführenden Funktion keinerlei Wert für das Unternehmen. Gedacht und entschieden wurde an der Spitze des Unternehmens. Das Modell, diese Entscheidungen umzusetzen, orientierte sich am Militär. So sandte Andrew Carnegie seinen Ersten Mann nach Deutschland, damit dieser das Organisations- und Kommunikationssystem des Preußischen Militärs kennenlernte und diese Struktur in den heimischen Stahlwerken umsetzte. Ein Arbeiter, wenn er die ihm zugewiesene Aufgabe erfüllte, konnte noch auf dem Höhepunkt der Industrialisierung der 50iger und 60iger Jahre des vorigen Jahrhunderts in Deutschland ein Einkommen erzielen, das auf dem Niveau von Akademikern lag. Dieses gründete darin, dass eine Arbeiterin in einer Umwelt zurechtkommen konnte, die andere für sie geschaffen hatten. Sie musste nur das ihr Zugewiesene verlässlich abarbeiten.

Das geht heute nicht mehr. Im Rahmen der komplexen Firmenorganisation, in der die Kenntnisse und Fertigkeiten von Finanz-, Marketing-, und Verkaufsexperten, von Ingenieuren, Anwältinnen, Systemanalytikern, Naturwissenschaftlerinnen, Computerspezialisten, Designern etc. gebündelt und dirigiert werden müssen, haben wir es nicht mehr mit einem Management, das alles weiß und befiehlt sowie Arbeiterinnen, die gehorchen, zu tun, sondern mit einem Zusammenschluss von Spezialisten.

Die aktuelle Bedeutung eines klaren Menschenbildes im Unternehmensaufbau spiegelt sich in dem Ausdruck „Industrie 4.0“, einem Zukunftsprojekt in der Hightech-Strategie der deutschen Bundesregierung. Die Bezeichnung, die zum ersten Mal auf der Hannover Messe 2011 vorgestellt worden ist, soll die vierte industrielle Revolution zum Ausdruck bringen. In der ersten, ausgelöst durch die Erfindung der Dampfmaschine, übernahmen Maschinen vormals von Menschenhand ausgeführte Arbeiten. Die zweite Umbruchssituation verursachte die Fließbandfertigung, wesentlich durch die Produktion des „Blechliesels“ genannten Models T durch die Ford Motor Company hervorgebracht. Die dritte wurde ausgelöst durch die Einführung von Computern, Robotik und Automatisierung im Produktionsprozess. In der aktuellen Umbruchssituation unter dem Stichwort „Industrie 4.0“ entscheidet jetzt die Kommunikation der Maschinen, Anlagen und Produkte miteinander über elektronische Systeme den wirtschaftlichen Erfolg. Damit die Steuerung solcher Prozesse durch Menschen wirklich gelingt, wird sich auch deren Kommunikation an den Prinzipien der Software orientieren müssen. Diese ist nicht mehr hierarchisch, sondern aufgabenorientiert strukturiert. Netzwerke ersetzen Hierarchien. Moderne Software funktioniert nur ohne Über- und Unterordnung. Ihre Grundstruktur wird künftig noch mehr die menschliche Kommunikation in einem Unternehmen prägen. Was häufig unterschätzt wird: Mit dieser Entwicklung verschieben sich auch die Erfordernisse für den wirtschaftlichen Unternehmenserfolg immer mehr hin zum abendländisch-christlichen Menschenbild und weg von der mehr funktionsorientierten Vorstellung aus Asien.

In einem System, das sich den Anforderungen von „Industrie 4.0.“ stellt, herrscht eine flache Hierarchie und eine Atmosphäre der Wertschätzung und des Vertrauens: Alle müssen sich alle aufeinander verlassen können, dass er oder sie mitdenkt, kreativ und innovativ ist und seinen oder ihren Beitrag zum Gelingen eines Projektes leistet. Hinzu kommt ein weiterer Gedanke: Alle 10 Jahre verdoppelt sich das Wissen der Menschheit. Die ständig wachsenden Erkenntnisse, technologischen Innovationen, neuen Produkte und Dienstleistungen erfordern ständige Veränderungsbereitschaft und Anpassungsfähigkeit wie sie die elektronische Kommunikation bereits vormacht. Das können nur Menschen mit einem gesunden, entwickelten Selbstwertgefühl leisten.

Ein übertriebenes Festhalten am Gewohnten ist dabei gefährlich, weil es ein Risiko in einem ständig sich verändernden Markt darstellt. Die wachsenden Anforderungen, die auf jeder Unternehmensstufe an die Einzelne und nicht nur an die Spitzenkräfte gestellt werden, verlangen nach Selbst-Management, Verantwortungsbereitschaft, Selbstbestimmung, ein hohes Bewusstsein sowie Innovations- und Einsatzbereitschaft. Die alte bürokratische Hierarchie von Befehl und Gehorsam ist flexibleren Strukturen und funktionsübergreifenden Teams gewichen. Alle Mitarbeitenden werden zu Menschen, die, jeder und jede für sich, wie Unternehmer denken und handeln müssen.

Wenn diese Analyse zutrifft, bedeutet das nicht mehr und nicht weniger als ein verändertes Prinzip der Personalentwicklung und -steuerung. Dazu bedarf es nach innen und außen den Nachweis oder die Reflexion des Menschenbildes, das das Unternehmen vertreten will und mit dem sich nachweislich der größte Unternehmenserfolg erzielen lässt. Denn unstrittig ist, dass bei allen Entscheidungen eines wirtschaftlich handelnden Systems der Erfolg des Unternehmens die oberste Zielrichtung sein muss. So moralisch wertvoll auch andere als dieses Ziel sind, muss es doch immer das oberste in allen Entscheidungen bleiben, damit für am Allgemeinwohl ausgerichtete Ziele Handlungsspielraum bleibt und der soziale Aspekt nicht unter die Räder kommt. Nur dann investiert das Unternehmen in die Kultur eines Referenzrahmens (eine solidarische Gesellschaft), dem es Mitarbeitende mit Selbstwertgefühl verdankt.

Hinzu kommt, dass die gesellschaftliche Entwicklung auf eine Netzwerkgesellschaft zusteuert, die fünf grundlegenden Prinzipien folgt. Diese lassen sich am leichtesten und effizientesten mit einem abendländisch-christlichem Menschenbild erreichen. Diese fünf Prinzipien sind:

1. Zusammenarbeit von Unternehmen in jeglicher Hinsicht.
2. Transparenz, allerdings nicht Offenlegung, von Entscheidungsgründen und gelebter Unternehmenskultur.
3. Bereitschaft zum Teilen von Informationen und Ressourcen.
4. Integrität, die nicht nur behauptet wird, sondern sich auch kontrollieren und nachweisen lässt.

5. Interdependenz aller Unternehmen und gesellschaftlicher Entwicklungen. Dieser Grundsatz stellt klar, dass in einer globalisierten Wirtschaft alle von allen abhängig sind und nicht allein den niedrigsten Fertigungskosten nachjagen ohne die Auswirkungen zu bedenken.

Wenn ausschließlich das kurzfristig finanzielle Wohl des Unternehmens und nicht auch soziale und kulturelle Notwendigkeiten im Blick sind, etabliert sich in einem effizienzorientierten Unternehmen eine Kultur des Überlebens des Stärkeren. Dieses entspricht jedoch einem darwinistischen Menschenbild, welches ausschließlich individualistischen Zielen dient. Soziales Handeln käme dann nur in den Blick, wenn es unmittelbar vorteilhaft erscheint. Ein Mitarbeiter, der in einer solchen Unternehmenskultur existieren müsste, hätte ständig Angst, persönlich zu unterliegen und würde höchstens sekundär am Unternehmenswohl orientierte Ziele verfolgen. Jegliche Veränderung wäre mit einer existentiellen Verunsicherung verbunden, weil bis dahin erfolgreiche Überlebensstrategien in Frage gestellt wären. Ein Unternehmen aber, das andere Maßstäbe als den Unternehmenserfolg an die Spitze seiner Ziele setzt, wird früher oder später entweder kein Unternehmen mehr sein, weil es umgewandelt wird, oder es wird untergehen oder übernommen werden. Dauerhafter Erfolg ist also nur zu erzielen, wenn das Ziel des wirtschaftlichen Erfolges mit den sozialen und kulturellen Erfordernissen versöhnt wird und an die Kommunikationsstruktur von „Industrie 4.0." ausgerichtet wird.

Was ist nun das Menschenbild, das sich für ein nach den eben beschriebenen Grundsätzen für ein Unternehmen anbietet? Es ist, wie bereits erwähnt und nachfolgend dargelegt, das abendländisch-christliche Menschenbild. In ihm wird Respekt vor Würde und Freiheit des oder der Anderen mit Kreativität, die daraus erwächst, und sozialer Sorge kombiniert, so dass an Leistung orientierte Mitarbeitende mit gesundem Selbstwertgefühl die Mehrheit der Beschäftigten darstellen. „In christlicher Sicht erwächst die Motivation zu unternehmerischem Handeln aus Gottes Berufung. Sie ermutigt den Einzelnen, Verantwortung für sich und andere an seinem konkreten Ort zu übernehmen" Mit diesen Worten fasst die Denkschrift unternehmerisches Handeln nach dem abendländisch-christlichen Menschenbild zusammen. Aber auch ohne diese Motivation zu teilen, bewirkt die grundsätzliche Orientierung eines Unternehmens am abendländisch-christlichen Menschenbild, dass die Mitarbeitenden ihre Gaben und Fähigkeiten für das Unternehmen nach Kräften einsetzen. Dabei können die individuelle Religiosität und deren Bekenntnisse verschieden sein. Religion oder Weltanschauung sind keine Voraussetzung, das hier beschriebene Menschenbild in seinen Konsequenzen zu vertreten.

Noch bis in die Mitte des vorigen Jahrhunderts konnte ein wirtschaftlich erfolgreiches Unternehmen auch mit Menschenbildern geführt werden, die diesen auf seine Funktion reduzierten. Dieses unterteilte die Mitarbeitenden eines Unternehmens in Führende und Geführte. Alle Fähigkeiten der Geführten, die nicht in ihrer Funktion gefordert wurden, lagen für die Unternehmensentwicklung brach. Die Herausforderungen durch die zunehmende Globalisierung der Warenströme konfrontieren uns jedoch mit anderen Menschenbildern und deren Auswirkungen auf Produktion, Produktionsweisen und die Kultur von Unternehmen. In Asien zum Beispiel werden Menschenbilder vertreten, die dem Erfolg der Gemeinschaft den Höchstwert beimessen. Der Einzelne ist in seiner Funktion für das Ganze wichtiger als gegenwärtig im abendländisch-christlichen Kulturkreis. Wenn wir hier weiterhin in einer globalisierten Wirtschaft den Schwerpunkt auf Funktionalität von Mitarbeitenden ausrichten, werden wir den Wettbewerb gegen diese anderen Kulturen verlieren, weil diese im Nutzen dieser Ressource besser sind. Einem solchen Wettbewerb um die effizientere Ausnutzung von Funktionalität würden Unternehmen unseres Kulturkreises also auf Dauer unterliegen. Unser Vorteil aber liegt in dem innovativen Potential eines Unternehmens, das alle Individualitäten von Mitarbeitenden für sich nutzt. Bislang sind dafür vorwiegend Funktionseliten zuständig. Alle Mitarbeitenden des Unternehmens aber müssen zu dieser Funktionselite werden und begreifen, dass in jeder Ausprägung ihrer Individualität ein innovativer Impuls für das Unternehmen bereitliegt. Für eine solche Matrix müssen die organisationalen und personellen Voraussetzungen bereitgestellt werden. Dabei ist klar, welch erheblichen Wandel einer bisher am Funktionieren von Mitarbeitenden ausgerichteten Unternehmenskultur hier stattfinden muss. Für uns wird in einer globalisierten Wirtschaft das Innovations- und Veränderungspotential zum entscheidenden Faktor, da in der Ausnutzung von Funktionalität beispielsweise asiatische Märkte uns überlegen sind. Sie sind das, weil das die Unternehmen umgebende Menschenbild genau dieses stärkt.

Ohne das abendländisch-christliche Menschenbild hätten allerdings besonders Europa und Nordamerika nicht die wirtschaftliche Erfolgsgeschichte geschrieben, die bis heute andauert, weil schon bisher der Aspekt der Individualität in der Regel unbewusst und daher nicht effizient genug für Unternehmen genutzt wurde.

Die Nutzung von Individualität ist aber eine wichtige Voraussetzung für verbesserte Innovations- und Veränderungsfähigkeit und stellt eine Ausdruckshaltung des abendländisch-christlichen Menschenbildes dar. Wie bereits gezeigt, sind Kulturen, die den Einzelnen stärker für seine Funktion in der Gemeinschaft beschreiben, in der Nutzung genau dieser Funktion überlegen. Eine solche Funktion kann sich jedoch erst ändern, wenn eine Funktionselite, die diese bestimmt, eine Änderung für notwendig hält. Veränderungsimpulse von der Basis können nicht so schnell aufgegriffen werden. Der Mensch, der als Funktion im Arbeitsprozess wahrgenommen und gebildet wird, wird sich immer an die Regeln halten und dabei versuchen, wenig Fehler zu machen. Sein Bestreben gilt, seine Funktion optimal auszuführen, die ihm jemand anderes zugewiesen hat. Sich selbst eine veränderte Funktion zuzuschreiben oder gar als einziger etwas anderes zu probieren, stört seine ihm zugewiesene Funktion. Allerdings macht sie ihn darin stark, genau die zugewiesene Funktion optimal auszufüllen. Alles, was ihn individuell hindert, seine Aufgabe zu erfüllen, ist eine Störung seiner Funktion. Nun ließe sich einwenden, dass die Funktion ja auch Innovation sein könnte. Dann würde diese Person auch tatsächlich dieses leisten. Allerdings bliebe dann die ganze Menge derjenigen, die andere Funktionen hätte, für die Innovationen ungenutzt.

Der Vorteil liegt in der Individualität oder Verschiedenheit. Wenn Verschiedenheit eine Störung der Funktion eines Mitarbeitenden ist, dann kann sie nicht positiv genutzt werden. Im abendländisch-christlichen Menschenbild ist jedoch Verschiedenheit oder Individualität positiv besetzt.

Funktionen werden von Individuen ausgefüllt, deren Verschiedenheit ein Gewinn an Innovation ist. Diese gründet in der Erfahrung, dass Eigenschaften oder Kenntnisse, die für eine bestimmte Funktion aufgrund einer als gegenwärtig erkannten Marktlage hinderlich sind, förderlich sein können. Verändert sich aber der Markt, kommt oft bisher als hinderlich gedeuteten Fähigkeiten die genau gegenteilige Funktion zu. Darüber hinaus sind Individualität und Kreativität Geschwister. Persönliche Eigenschaften, wenn sie denn „gehoben" und erkannt werden, drängen nämlich nach Ausdruck. Und genau dieser Ausdruck ist die Kreativität, die Innovation hervorbringt.

Eher an Funktionen orientierte Menschenbilder schätzen Individualität dagegen ausschließlich in ihrer Bedeutung für das Ganze. Dass sich ein Mensch in seiner Verschiedenheit entfaltet, hat keinen Wert. Wenn die Funktion optimal erfüllt ist, dann ist die Bestimmung optimal erfüllt. Ein Unternehmen, das sich im Menschenbild mehr dem abendländisch- christlichen verpflichtet weiß, wird daher in Innovation und Veränderungsbereitschaft gegenüber den mehr am Gesamtgefüge der Gesellschaft interessierten Menschenbildern im Vorteil sein. In der Funktion haben Menschen immer nur ein Ziel, nämlich zu funktionieren. Wenn ich aber meine Funktion nicht erfülle, weil das mein Sinn ist, dann bin ich selbst verworfen oder kaum noch etwas wert, wenn ich nicht mehr funktioniere.

Tiefster Lebenssinn des abendländisch-christlichen Menschenbildes ist, zu lieben und geliebt zu werden. Damit liegt in der immer mehr entfalteten Verschiedenheit mein geschöpflicher Freiheitsspielraum. Lieben und geliebt werden kann nur, wer in möglichst allen Facetten seiner oder ihrer Persönlichkeitsstruktur kenntlich ist. Die gesellschaftliche und wirtschaftliche Bedeutung liegt in meiner Verschiedenheit und nicht in meiner Funktion. In Firmenkulturen mit der Hochschätzung von Individualität ist es allerdings anstrengender, denn die Verschiedenheiten sind wechselseitig auszuhalten. Dabei vermag ein Unternehmen, das sich dem abendländisch-christlichen Menschenbild verpflichtet, Sinn zu vermitteln. Es gibt nämlich keine normierende Funktion, die mir Sinn gibt. International aufgestellte Konzerne verteilen daher oft die funktional organisierten Teile in den Regionen Asiens während die innovativen und kreativen Teile in Europa und Amerika angesiedelt werden. Das ist eine Reaktion auf die verschiedenen Menschenbilder, die in der Unternehmenskultur und -organisation handlungsleitend sind.

Kritikfähigkeit ist eine Folge des abendländisch-christlichen Menschenbildes. Wenn Kritik nur meine Handlungen meint, nicht aber mein Personsein an sich in Frage stellen kann, und alle anderen in ihren Verschiedenheiten mit grundsätzlich gleichen Rechten und Pflichten aufgestellt sind, dann ist Kritik ein Mittel der Weiterentwicklung. In einer auf die Funktion des Menschen für das Ganze abgestellten Firmenkultur, wird Kritik zur Infragestellung meines Seins. Dieses ist im abendländisch-christlichen Menschenbild ausgeschlossen. In dem Kapitel über Feedbackkultur wird dieses entfaltet.

Die eben beschriebene Unterscheidung zwischen Handlungen einer Person und dieser Person selbst sind der Grund, warum in Gerichtssälen noch immer Kreuze hängen und die Todesstrafe an sich aus christlicher Perspektive ethisch nicht zu rechtfertigen ist. Damit wird deutlich gemacht, dass Menschen immer nur Handlungen eines anderen Menschen bewerten und mit Folgen versehen können, jedoch über seine Person nicht zu richten haben. Denn das ist ja allein Gottes Sache. Darum können die Handlungen eines Menschen verworfen werden, der Mensch aber nie. Dieses sei nur nebenbei erwähnt, um zu verdeutlichen, wie sehr das abendländisch-christliche Menschenbild immer noch fast alle Bereiche unseres gesellschaftlichen Lebens bestimmt.

4. Das abendländisch-christliche Menschenbild

Das abendländisch-christliche Menschenbild ist Ergebnis eines Verschmelzungsprozesses von Vorstellungen der frühen Antike Griechenlands – hier besonders mit den Schriften von Platon und Aristoteles sowie jüdischen Einsichten zu Vorstellungen der Bibel und deren Wirkungsgeschichte. Dieser Prozess war in seinen Grundzügen mit dem Beginn der Neuzeit abgeschlossen und wurde durch humanwissenschaftliche Einsichten bis heute ergänzt.

Kernaussage des abendländisch-christlichen Menschenbildes ist: Der Mensch ist von Gott in seiner Existenz gewollt. Es ist der Wille Gottes, dass er ins Dasein gerufen ist. Dadurch, dass ein Mensch in seiner Individualität existiert, zeigt er, dass Gott ihn liebt und er in allen seinen Besonderheiten unverwechselbar und einzigartig ist. Denn Gott kannte ihn bereits, „bevor er ihn im Mutterleib bereitete" (Prophet Jesaja, Kap. 49). In der Individualität eines Menschen spiegelt sich seine Gottesebenbildlichkeit. Das heißt: Je mehr ich die Eigenheit und Individualität herausarbeite, diese fördere und ans Licht bringe, desto mehr erkenne ich dahinter den Schöpfer. Platonisch ausgedrückt: Jeder Mensch ist Abbild des Urbildes, aber niemals ganz. Alle Individualitäten aller Geschöpfe zusammen ergeben aber die größte Erkenntnismöglichkeit über Gott selbst, die Menschen zugänglich ist. Die gesamte Menschheit mit allen Individuen vermag Gott als Ganzes nicht zu erfassen. Daher kommt es zu immer neuen und anderen Individuen, in denen sich wieder ein anderer Teil göttlichen Wesens zeigt. Diese sind, da sie alle denselben Schöpfer haben, untereinander mit gleichen Rechten und Pflichten ausgestattet und als freie Wesen geboren. Dieser Gedanke wurde im 20. Jahrhundert zum Ausgangspunkt für die christliche Achtung der Menschenrechte. Die geschöpfliche Freiheit gilt es als Ausdruck menschlichen Wesens zu achten, zu entfalten und zu nutzen – und die den Menschen anvertraute Welt damit zu gestalten. Als Ausdruck seiner Freiheit kann sich der Mensch so oder anders zu dem, wie er geschaffen ist, verhalten. Dieses freie Verhalten bestimmt also den Menschen, der innerhalb der Gesamtheit des geschaffenen Seins seine unterscheidende Besonderheit ebenfalls darin hat, dass er in der Lage ist, seine eigene Nicht-Berechenbarkeit zu erkennen, nach dem Woher, Wohin und Wozu, also nach dem Ursprung, Ziel und Sinn seines Seins zu fragen und sich zu ihm zu verhalten. Dieses begründet die **Menschen**würde im Unterschied zur Würde alles anderen geschaffenen Seins. Strittig bleibt, ab welchem Lebensstadium einem Menschen Würde zugesprochen wird.

Ebenso kann sich der Mensch zum Guten und zum Bösen frei verhalten. Er ist aus sich heraus weder gut noch schlecht, sondern kann sich eben zu beiden in Beziehung setzen und sein Verhältnis dazu bestimmen. Das bedingt die Unterscheidung zwischen Person eines Menschen und seines Verhaltens. Über eine Person und ihre Eigenschaften haben wir nicht zu bestimmen oder zu urteilen. Das ist die Sache seines Schöpfers. Wir können sein Verhalten bewerten, kritisieren und schätzen. Diese Unterscheidung stellt ein Leitprinzip eines am abendländisch-christlichen Menschenbild ausgerichteten Unternehmens dar.

Das Ziel und Sinn des Lebens einer Person ist, sich zur Schöpfung Gottes in freiheitlicher Weise verhalten zu können, so einzusetzen, dass diese Person liebt und geliebt wird. Das ist letztlich das Ziel allen Handelns. Nun ist der Mensch aber dadurch, dass er ins Dasein gerufen wurde, ein Geliebter aus sich heraus. Es bedarf dazu keiner menschlichen äußeren Zustimmung mehr. Seine Freiheit kann der Mensch aber genau dazu gebrauchen, sich von dem Geliebtsein abzuwenden und anderen Mächten als der Liebe die Herrschaft über sich anzuvertrauen. Es gibt nämlich im Menschen eine natürlich Angst, nicht zu lieben oder geliebt zu werden. Das ist eine anthropologische Konstante. Das Neue Testament beschreibt mit dem Wort „sündigen“, diese Angst zu verschieben. Der Begriff kommt ursprünglich aus der antiken Kunst des Bogenschießens und bedeutet „Zielverfehlung“. Sündigen ist also keine moralische Kategorie, sondern bedeutet nicht mehr und nicht weniger als das Ziel des Lebens zu verfehlen. Das Ziel des Lebens wiederum bedeutet, zu lieben und geliebt zu werden. Das Ziel zu verfehlen, also die Angst vor dem nicht Geliebtsein oder dem nicht zu lieben zu verschieben, was „Sünde" genannt wird, äußert sich in drei Strukturen: In der ersten Struktur nehme ich meine Angst und gebe sie jemanden, der scheinbar größer und mächtiger ist als ich. Dann mache ich mich klein, passe mich an und gebe meine Verantwortung ab an jemanden, der scheinbar mehr kann als ich oder größer ist. Damit habe ich die Angst verschoben und bin sie los. Der Preis ist aber die Abgabe der Verantwortung und Passivität, da ich dann von Entscheidungen anderer abhängig bin. Eine entsprechende Haltung in einem Unternehmen wird dieses als Ganzes nicht weiterbringen. Die Angst, Fehler zu machen und dafür womöglich zur Verantwortung gezogen zu werden, bestimmt dann die gesamte Arbeitswelt. Dazu kommt, dass es eine Angst vor dem Neuen gibt, da dieses die scheinbar sicheren Bahnen der Arbeit gefährdet. Menschen mit entsprechender Persönlichkeitsstruktur haben Schwierigkeiten, sich selbst zu behaupten, integer und bewusst zu leben und bemühen sich fast bis zum Preis der Selbstaufgabe, für andere da zu sein. Dabei vernachlässigen sie sich selbst und ihre Aufgabe.

Bei der zweiten der drei Strukturen nehme ich meine Angst und gebe sie jemanden, der scheinbar kleiner ist als ich. Dann mache ich mich größer und gebe meine Angst an jemanden, der scheinbar unter mir steht. Ich muss mich dann ständig abgrenzen und Verantwortung an die scheinbar unter mir Stehenden abgeben, auf deren Verhalten ich nur reagiere, weil sie mir ja nicht gehorchen. Ich spreche dann viel in „man", damit ich die Verantwortung los bin an eine wie immer geartete Allgemeinheit, die mich tragen soll. Das Aufrichten von Werten, die am besten für die Anderen gelten, ist eine Folge solcher Einstellungen. Denn wer die Autorität hat, Werte zu setzen, kann, wenn die Werte erst in Geltung stehen, damit andere kleinhalten. Damit kann er aber auch nicht auf deren Impulse hören. In Unternehmen findet sich diese Struktur gegenwärtig häufig in Führungsstilen wieder.

Bei der dritten Struktur verschränken sich dann die beiden eben beschriebenen Verhaltensmuster ineinander.

Die Abgabe von Verantwortung für mein Dasein gründet daher in einem Verhaltensmuster, das Ziel und Sinn des Lebens verfehlt. Damit wird dieses zu einer zu bekämpfenden Struktur, weil sie in theologischer Deutung Gottesferne signalisiert und in ökonomischer Hinsicht verheerend für das Wirtschaftsgefüge wird. Damit müssen nämlich

Einzelne aus Solidarität die Entscheidungen für andere mit treffen und evtl. sogar für diese auch Unterstützungsleistungen mit verdienen. Solch ein System droht zu kippen, sobald die Zahl derer, die Verantwortung abgeben, zu groß wird. Damit ist nicht gesagt, dass Menschen, die zur Verantwortung für ihr Leben, aus welchen Gründen auch immer, nicht fähig sind, nicht unterstützt werden sollen. Selbstverständlicher Ausdruck geschöpflicher Solidarität ist die Unterstützung von Menschen, die körperlich oder geistig nicht in der Lage sind, ihren Lebensunterhalt selbst aufzubringen oder dadurch durch widrige Umstände gehindert sind. Alle anderen aber können und sollen die Verantwortung, die sie dadurch bekommen haben, dass sie leben, auch in Verantwortung für die eigene Existenzsicherung leben.

Konsequenz des abendländisch-christlichen Menschenbildes ist, dass jedem Individuum Würde zukommt. Im Grundgesetz der Bundesrepublik Deutschland und fast aller Staaten, die dem abendländisch-christlichen Menschenbild verpflichtet sind, gilt diese Würde als unantastbar. Sie wird allen Menschen ohne Unterschied zugestanden. Mit dem Begriff „Würde" verhält es sich ebenso wie mit dem Begriff „Zeit". Alle wissen, was es ist, aber keiner kann es definieren. An dieser Stelle werden jedoch ausschließlich die für unser Thema notwendigen Handlungen und Unterlassungen, die sich aus der Vorstellung von Menschenwürde ergeben, beschrieben. Hierbei stütze ich mich nicht nur auf die bekannten juristischen und philosophischen Kommentare zum Grundgesetz Artikel 1 „Die Menschenwürde ist unantastbar" als auch auf elementare Einsichten der Bibel. Beide hat der Theologe und Philosoph Wilfried Härle grundlegend gesichtet und eingeordnet. Ich beziehe mich auf seine Forschungen zum Thema. Ein Mensch, dem unantastbare Würde zugestanden wird, darf danach niemals nur als Mittel gebraucht werden. Seine Willensäußerung ist in allen Bereichen zu achten. Seine Entscheidungsfreiheit darf nicht durch Androhung von Gewalt gebeugt werden. Seine Intimität ist jederzeit zu achten. Er darf niemals bloßgestellt werden. Alle Menschen sind untereinander mit gleicher Würde ausgestattet und damit auch vor dem Recht gleich. Niemand darf aufgrund einer Eigenschaft oder sozialen Stellung anders behandelt werden.

Gemeinsam ist allen Aussagen, dass sie im Begriff und Phänomen der Achtung bzw. Missachtung liegen. Menschen in ihrem Achtung gebietenden Menschsein wahrzunehmen, anzuerkennen und zu respektieren, ist folglich selbst die Achtung der Menschenwürde. Menschen sind alle Lebewesen, die vom Menschen abstammen. Damit ist klargestellt, dass mögliche körperliche oder intellektuelle Behinderung keinen Grund darstellen kann, Menschenwürde abzusprechen. Damit ist der Mensch im Gegensatz zu allem anderen Leben ethisch verantwortungsfähig. Die Beschreibung des Menschen als Bild Gottes in den frühen Schriften des Alten Testamentes will genau diese Verantwortungsfähigkeit beschreiben und seine Schaffung durch Gott drückt aus, dass seine Würde durch andere Menschen nicht antastbar ist.

Ist die Würde des Menschen Konsens, gilt das von ihrer Begründung nicht. Sie kann nicht allein dadurch erfolgen, dass sie als Recht von Menschen gesetzt wird. Dann wäre ja eine solche Setzung aufhebbar oder änderbar. Vielmehr ergibt sich die Begründung der Achtung der Menschenwürde im Sein des Menschen selbst. Sie hat seinem Selbstverständnis nach nicht den Charakter einer willkürlichen Zuschreibung, sondern den einer Entdeckung, die Anerkennung fordert. Diese Anerkennung der Menschenwürde und die mit ihr verbundenen Handlungen und Unterlassungen erhalten in einem Unternehmen, das sich dem abendländisch-christlichen Menschenbild verpflichtet, den Grad eines Leitprinzips.

Ein am abendländisch-christlichen Menschenbild ausgerichtetes Unternehmen richtet sich in seinen Handlungen sowohl an dem Geliebtsein als auch an Würde und Freiheit eines jeden Menschen aus. Dabei berücksichtigt es, dass sich Menschen sowohl zum Guten als auch zum Schlechten frei verhalten können, sinnerfüllt arbeiten und Verantwortung übernehmen möchten. Struktur und Kultur eines Unternehmens werden danach ebenso ausgerichtet wie an der Unterscheidung zwischen Eigenschaften einer Person und ihrer Handlungen. Hinter allen diesen Voraussetzungen steht die These, dass ein solch aufgestelltes Unternehmen wirtschaftlich unschlagbar ist. Das wird in den weiteren Kapiteln dieses Buches entfaltet.

5. Selbstwertgefühl als Ziel der Unternehmenskultur als Folge dieses Menschenbildes

Ich hatte bereits skizziert, dass alle Mitarbeitenden eines Unternehmens durch ihre Individualität eine Ressource für das Unternehmen darstellen, die es zu nutzen gilt. Dieses Nutzen der Ressource Individualität hat zwei Ebenen: die der Struktur und Organisation des Unternehmens, das diese nutzt, und der oder die Mitarbeitende, die seine oder ihre Ressource nutzt und für das Unternehmen einsetzt. Die erstgenannte Ebene lässt sich als Funktion mit dem Begriff des „managing diversity" beschreiben. Ihr gilt ein eigenes Kapitel. Die zweigenannte Ebene des Mitarbeitenden selbst gilt es hier zu betrachten. Warum sollte eine Person ihre Individualität und das, was sie ist, in den Dienst des Unternehmens einbringen? Warum soll sie es aus freier Wahl und nicht aus Druck tun? Das zuletzt genannte ist leicht zu erklären: Wer nur aus Furcht vor Sanktionen im Sinne des Unternehmens handelt, ist ein schlechter Mitarbeitender, denn er glaubt nicht an sich und seine oder ihm innewohnende Möglichkeit, neben seiner/ihrer eingeübten Funktion auch noch in neuen Bereichen für das Unternehmen hilfreich zu sein. Seine Ideen verfolgt dieser Mitarbeitende nicht weiter und engagiert sich nur dort, wo nichts zu verlieren ist. Sein Ziel ist es, nicht aufzufallen. Damit aber wird er oder sie keine innovativen Ideen vortragen oder umsetzen, sondern bemüht sein, sich anzupassen und zu verstehen, was der oder die Vorgesetzte wohl an Verhalten bevorzugt.

Ausschließlich eine entwickelte Persönlichkeit, die über Selbstwertgefühl verfügt, wird sich aufgrund freier Wahl für das Unternehmen einsetzen und es voranbringen. Dadurch können alle Mitarbeitenden sinnerfüllt ihre Aufgabe verrichten. Sinnerfüllt tätig zu sein, ist Wesensgrund menschlicher Aktivitäten. Ist dieser Sinn gegeben, fällt automatisch der Krankenstand und Arbeitszufriedenheit und Innovation wachsen. Wer mit sich und der Welt in Übereinstimmung arbeitet und seinem Tun und seiner Persönlichkeit einen Wert zumisst, der kann gar nicht anders, als diesen Wert für sich und seine Umgebung einzusetzen. Damit wird der Einsatz aller persönlichen Handlungsmöglichkeiten zum Ausdruck einer entwickelten Persönlichkeit, die Ziel aller Personalsteuerung sein sollte. An anderer Stelle hatten wir ausgeführt, dass die Voraussetzung eines solchen Mitarbeiters oder einer solchen Mitarbeiterin Selbstwertgefühl ist. Dieses gilt es zu verstehen, um daraus organisationale und strukturelle Kriterien für die Unternehmenskultur abzuleiten.

Das System des Selbstwertgefühls

Nathaniel Branden, Pionier auf dem Gebiet der Psychologie des Selbst, definiert Selbstwertgefühl als die Disposition, sich selbst als kompetent im Umgang mit den grundlegenden Herausforderungen des Lebens zu erfahren (Selbstwirksamkeit), und dass man es wert ist und es verdient, glücklich zu sein (Selbstachtung). Es lässt sich weiterhin beschreiben als das Vertrauen auf die Wirksamkeit unseres Verstandes, die Fähigkeit zu lernen, die richtigen Entscheidungen zu treffen und mit Veränderungen fertig zu werden. In theologischer Sprache ist dieses nichts anderes als eine moderne Form des abendländisch-christlichen Menschenbildes in seiner lebensweltlichen Konkretion.

Selbstwertgefühl setzt sich aus den Komponenten Selbstwirksamkeit und Selbstachtung zusammen. Selbstwirksamkeit heißt, imstande zu sein ein gewünschtes Ergebnis zu erzielen. Letztlich ist es das Vertrauen in unsere Fähigkeit, mit den grundlegenden Herausforderungen des Lebens fertig zu werden. Diese grundlegenden Herausforderungen sind zunächst die Fähigkeit, für seinen Unterhalt zu sorgen, mit anderen effektiv zusammenarbeiten zu können, Vertrauen, Freundschaft, Liebe und Respekt zu geben und anzunehmen, sich selbst angemessen zu behaupten und die Selbstbehauptung anderer akzeptieren zu können. Im weiteren Sinne gehören dazu auch die Fähigkeit, mit den Widrigkeiten und Ungerechtigkeiten des Lebens zurechtzukommen und widerstandsfähig zu sein. Die zweite Komponente Selbstachtung ist die Überzeugung von unserem eigenen Wert. Sie ist die Überzeugung, dass unser Leben und Wohlbefinden es wert sind, durch unsere Handlungen gestützt, geschützt und gefördert werden. Sie ist die Ausdruckshaltung, dass unser Glück und unsere persönliche Erfüllung wichtig genug sind, um dafür zu arbeiten. Wenn wir uns selbst nämlich achten, dann handeln wir in der Regel auch so, dass diese Achtung bestätigt und verstärkt wird. Die Art, wie wir handeln, verlangt von anderen automatisch, in angemessener Weise mit uns umzugehen. Daraus folgt, dass eine Erhöhung der Selbstachtung ausschließlich durch eigenes Handeln zu erhöhen ist. Jede Anerkennung, die von außen kommt, kann dazu nichts beitragen. Kein noch so wunderbares Lob kann die Selbstachtung eines Menschen stärken. Dieses gelingt ausschließlich durch eigenes Handeln.

Die Grundlage von Selbstwirksamkeit und Selbstachtung sind die Werte und Überzeugungen, die uns von Kindheit an begleiten und zu denen wir uns verhalten müssen. Niemand kann den Maßstäben von Werten und besonders Werturteilen entfliehen. Wir können niemals die moralische Bedeutung unseres Handelns ignorieren. Die Bedeutung wird unweigerlich auf irgendeiner Ebene der Psyche gespeichert und hinterlässt in der Folge positive oder negative Selbstgefühle. Ob die Werte, die wir leben, bewusst oder unbewusst sind, rational oder irrational, dem Leben förderlich oder abträglich, fest steht, dass jeder und jede sich nach einem Maßstab selbst beurteilt. Und in dem Maße, indem wir diesem Maßstab nicht gerecht werden, und eine Kluft zwischen Anspruch und gelebter Wirklichkeit entsteht, in diesem Maße leidet die Selbstachtung oder entsteht gar nicht erst. Martin Luther hat einen solchen Menschen als „in sich selbst verkrümmt" bezeichnet. Ein Mensch aber, der sich selbst achtet, hat seine Ziele selbst gewählt und wird sie, weil sie selbst gewählt sind, auch sinnerfüllt und trotz Widrigkeiten erreichen.

Selbstachtung kommt zum Beispiel dadurch zum Ausdruck, dass eine grundsätzliche Offenheit für Kritik besteht und Fehler offen eingestanden werden, da die Selbstachtung nicht an ein Image des Perfektionismus geknüpft ist. Sie kommt zum Ausdruck in einer aufgeschlossenen und neugierigen Haltung gegenüber neuen Ideen, neuen Erfahrungen und neuen Möglichkeiten im Handeln meiner selbst und des Unternehmens, in dem ich arbeite. Selbstachtung fließt mit der Realität. Selbstzweifel kämpfen gegen sie an; Selbstachtung beschleunigt die Reaktionszeit, Selbstzweifel verlangsamen sie. Grundmerkmal eines gesunden Selbstwertgefühls aus Selbstwirksamkeit und Selbstachtung ist ein ausgeprägter Realitätssinn und die Anerkennung der Fakten. Tatsachen haben dann einen höheren Stellenwert als Überzeugungen. Die Wahrheit hat einen höheren Stellenwert als Recht zu haben. Nur Menschen mit geringem oder gar keinem Selbstwertgefühl bestreiten, Fehler gemacht zu haben und verteidigen sich. Denn das Eingeständnis eines Fehlers empfindet das unterentwickelte Selbstwertgefühl als Demütigung oder entsetzliches Verhängnis.

Ein gewünschtes Verhalten oder Bewusstsein durch Trainings, die nicht an der Selbstachtung arbeiten, erzielen zu wollen, ist verschwendete Zeit und nutzlos investiertes Geld. Gewünschte Handlungen in Leitbildern zu formulieren und dann zu versuchen, mit dem Verweis auf diese das gewünschte Handlungsmuster hervorzubringen, gehört ebenfalls in die Kategorie der Nutzlosigkeit. Selbst wenn es gelingt, durch äußeren Druck das gewünschte Verhalten das eine oder andere mal zu erzeugen, wird es doch, sobald der Druck nachlässt, wieder verschwinden. Dennoch wird weiter in erheblichem Maße in solche Dinge investiert. Solche Investitionen lohnen nur, wenn das Ziel gar nicht erreicht werden soll und Aktivität darüber hinwegtäuschen soll, dass eine Veränderung nicht gewünscht ist.

Menschen mit gesundem, d.h. entwickeltem Selbstwertgefühl sind flexibel. Sie können auf Veränderungen ohne unangemessene Bindungen an die Vergangenheit reagieren. Sich angesichts veränderter Umstände an das Vergangene zu klammern, ist ein Zeichen von Unsicherheit, die aus mangelndem Selbstwertgefühl entsteht. Ein Verstand, der sich selbst vertraut, ist frei von irrelevanten Bindungen und in der Lage, schnell auf Neues zu reagieren, weil er offen ist zu sehen. Das Gesehene, die Realität, muss nicht geleugnet werden. Daher sind Menschen mit gesundem Selbstwertgefühl auch kreativer als solche mit gering oder gar nicht entwickeltem. Das gesunde Selbstwertgefühl schätzt die Produkte des eigenen Verstandes, die sich aus der Anschauung der Realität ergeben. Wie Untersuchungen gezeigt haben, halten Menschen mit entsprechendem Selbstwertgefühl interessante Ideen eher durch Notiz fest, investieren Zeit, um sie weiter zu entwickeln und untersuchen, wohin sie führen könnten. Auch Menschen mit geringem Selbstwertgefühl haben natürlich Ideen. Sie wissen diese aber nicht zu schätzen, erinnern sich oft nicht lange daran und verfolgen sie nicht weiter.

Um Selbstwertgefühl aufzubauen oder zu stärken, muss am Arbeitsplatz ein Klima geschaffen werden, dass jene Praktiken unterstützt, die das Selbstwertgefühl bilden. Selbstwertgefühl ist nämlich ein Produkt der im Inneren erzeugten Handlungen. Niemals kann daher äußere Zustimmung oder Kritik das Selbstwertgefühl verändern. Es lässt sich ausschließlich bearbeiten, wenn wir an seine Quellen gehen. Wenn wir verstehen, um welche Praktiken es sich handelt, können wir sie gezielt initiieren und andere in diesem Sinne unterstützen. Damit bildet sich Selbstwertgefühl, welches die Grundlage hervorragend entwickelter Persönlichkeiten darstellt, die letztlich ein Unternehmen immer zum Erfolg führen. Moderne Personalentwicklung stellt daher die Grundlagen bereit, Praktiken der Bildung von Selbstwertgefühl zu ermöglichen. Damit bildet diese die Basis der gesamten Firmenkultur, die als Folge solcher Kultur dermaßen innovativ, flexibel, handlungsoffen und veränderungsbereit ist, dass kein anderes Unternehmen, das diese Kultur nicht pflegt, ihm gleichkommt.

Was sind nun die Praktiken, die ein Selbstwertgefühl aufbauen? Brandon hat die gegenwärtige Wirtschaftsentwicklung vorausschauend bereits 1994 diese Praktiken beschrieben und für ein wirtschaftlich erfolgreiches Unternehmen als unverzichtbar plausibel gemacht. Er nennt diese Praktiken sechs Säulen des Selbstwertgefühls. Diese sind:

1. bewusst leben
2. sich selbst annehmen
3. eigenverantwortlich leben
4. sich selbstsicher behaupten
5. zielgerichtet leben
6. persönliche Integrität

Die genannten sechs Säulen beschreiben Handlungen, die zu einem echten Selbstwertgefühl führen. Es lohnt, diese sich zu vergegenwärtigen, weil für den Unternehmenserfolg Mitarbeitende mit Selbstwertgefühl unverzichtbar sind und moderne Personalentwicklung genau die Handlungen im Unternehmen versuchen muss hervorzubringen, die in diesen Säulen beschrieben sind. Dabei werden hier die für ein wirtschaftlich handelndes Unternehmen relevanten Praktiken herausgearbeitet.

1. Bewusst leben

Dahinter steht die Entscheidung, nach Bewusstheit zu streben, verstehen zu wollen und Klarheit über die Realität zu gewinnen. Das gründet in der Einstellung, lebenslang zu lernen und dieses als Quelle von Freude zu deuten. Veränderung bedeutet als Folge davon Bewusstseinserweiterung und Gewinn von neuen Handlungsoptionen. Gezielt werden wichtige Tatsachen angegangen. Dabei versuche ich zu unterscheiden zwischen Tatsachen, Interpretationen und Emotionen. Diese Unterscheidung ist wiederum verbunden mit dem Mut, unangenehmen oder bedrohlichen Realitäten nicht auszuweichen oder diese zu leugnen, sondern diese anzugehen. Dabei suche ich natürlich Rückmeldungen aus meinem Umfeld, um Anhaltspunkte zu gewinnen, ob ich meinen Kurs verändern oder anpassen muss. Eine entwickelte Feedbackkultur in Unternehmen, die aufgrund des Menschenbildes respektvoll und wertschätzend strukturiert ist, stellt damit das Rückgrat von Personalentwicklung dar. Damit kommt dem verlässlich geführten Mitarbeitendengespräch eine zentrale Rolle zu. Neben dem Gespräch von Vorgesetztem und Untergebenem, das allgemein als Mitarbeitendengespräch beschrieben wird, sollte aber auch eine Rückmeldungskultur unter den Mitarbeitenden einer Hierarchieebene hergestellt werden. Denn die verschiedenen Rückmeldungsebenen ermöglichen in der Entwicklung des oder der Einzelnen entscheidende Impulse. Wie schnell wir zum Beispiel auf eine veränderte Marktsituation reagieren hat zentral damit zu tun, wie bewusst wir uns der Realität stellen. Ein Mitarbeitender, der auf einem hohen Bewusstseinsniveau lebt, plant für den Markt von morgen. Einer, der auf eher mittelmäßigem Stand operiert, lässt sich von der aktuellen Situation leiten und einer, der auf niedrigem Niveau arbeitet, orientiert sich an dem Markt von gestern und dem Bewährtem. Mitarbeitende mit entwickeltem Selbstwertgefühl, d.h. solche, die bewusst leben, versuchen beharrlich, Dinge verstehen zu wollen und geben bei Schwierigkeiten nicht gleich auf. Obwohl es im abendländisch-christlichen Menschenbild keine Unterteilung in Gewinner und Verlierer geben kann, da alle Menschen gleich geliebt sind und ihre Existenz unabhängig ihrer Leistung sinnvoll und gewollt ist, unterscheiden sich beide in einem Punkt: Der Gewinner gibt nicht auf. Und genau das sind Mitarbeitende mit Selbstwertgefühl. Dieses Gefühl gründet in einer Entschlossenheit, persönlich zu wachsen und offen für neue Entwicklungen zu sein. Gegenbild dazu ist der Leiter des Patentamtes der Vereinigten Staaten von Amerika in der zweiten Hälfte des 19. Jahrhunderts, der verkündigte: „Alles Wichtiges, was es zu erfinden gab, wurde erfunden." Damit zeigt er das Paradebeispiel einer Geisteshaltung, die sich zufrieden gibt, mit dem was ist, und keine Weiterentwicklung mehr beabsichtigt. Das hat es zu allen Zeiten in der Regel als Mehrheitsmeinung gegeben und zeigt, wie wichtig Menschen mit Selbstwertgefühl sind, die dazu den Gegenpol bilden. Menschen, die bewusst leben, haben ein stetiges Interesse, ihre Welt zu verstehen und die darin sichtbaren und fühlbaren Herausforderungen anzugehen.

Wenn dieses Bewusstsein gemieden wird, ist die Gefahr von Abhängigkeiten extrem groß. Denn hinter jeder Abhängigkeit, wovon auch immer, steckt die Absicht, Angst und Schmerz zu lindern, der Bewusstheit der Gefühle zu entfliehen. An Unternehmen mit hohen Zahlen von Mitarbeitenden, die Alkohol-, Drogen- und anderen Abhängigkeiten verfallen sind, lässt sich zeigen, dass Strukturen der Unterstützung von Praktiken zur Stärkung des Selbstwertgefühls keine Rolle spielen oder bewusst verneint werden. In diesen Bereich gehören auch Einschränkungen der körperlichen Gesundheit, die blockierte oder unterdrückte Gefühle widerspiegeln. Über körperlichen Ausgleich und Stimulation von Bewegung lassen sich in Umkehr von Ursache und Wirkung daher auch Blockaden von Gefühlen aufbrechen. Der Bereich wird heute vielfach unter dem Leitbegriff „Gesundheitsmanagement" beschrieben und kann unter Kenntnis des bisher referierten in dieser Hinsicht profiliert werden. Die Befreiung des Körpers ist auch immer eine Befreiung des Geistes.

Letztlich ist Selbstwertgefühl das Ergebnis von der Disziplin, nicht aufzugeben und an der persönlichen Entwicklung dranzubleiben.

2. sich selbst annehmen

Selbstwertgefühl kann nur haben, wer sich selbst annimmt. Diese Selbstannahme hat drei Bedeutungsebenen. Die erste ist, sich selbst wert zu schätzen. Dieses ist nichts anderes als der Entschluss, mich selbst wertzuschätzen, mich selbst mit Respekt zu behandeln und für mein Existenzrecht einzutreten. Ich bin so gut zu mir selbst wie zu anderen. Die zweite Bedeutungsebene ist die Bereitschaft, anzuerkennen, dass ich es immer selbst bin, der handelt. Es ist die Weigerung, irgendeinen Teil meiner Gefühle, meines Körpers, meiner Handlungen oder Träume nicht als fremd zu betrachten. Ich bin es immer selbst. Aus einem Fehler, den ich gemacht habe, kann ich nur lernen, wenn ich akzeptiere, dass ich ihn gemacht habe. Eine Handlung, die ich vielleicht gegen meine Überzeugung ausgeführt habe, kann ich nur als auch zu mir gehörig ansehen. Und die dritte Bedeutungsebene ist die Idee, mir selbst Freund oder Freundin zu sein. Nichts hilft dem Selbstwertgefühl so auf, wie bislang abgelehnte Teile meines Selbst zu integrieren. Rückmeldekultur eines Unternehmens sowie eine Betriebsorganisation, die eine solche Integration fördert, stellt hier den tragenden Grund solcher Entwicklung bereit.

3. eigenverantwortlich leben

Zum eigenverantwortlichen Leben gehört die Bewusstmachung, für meine Entscheidungen und mein Handeln allein verantwortlich zu sein. Ich bin verantwortlich für das Maß an Bewusstheit, das ich meiner Arbeit entgegenbringe und ebenso für mein Verhalten gegenüber Kunden, Vorgesetzten, Untergegebenen, Mitarbeitenden, Geschäftspartnern etc. Ich bin auch verantwortlich dafür, mein Selbstwertgefühl zu erhöhen. Ich kann niemanden verantwortlich machen, wie bewusst oder unbewusst ich meine täglichen Beschäftigungen ausführe. Wie ich rede oder wie ich zuhöre ist meine Entscheidung. Dieses bewusst zu tun und nicht die Verantwortung auf Erziehung, persönliche Geschichte, Umstände etc. abzuwälzen, ist Ausdruck von Selbstwertgefühl. Selbst wenn ich mit schwierigsten Umständen zu tun bekomme, die ich nicht beeinflussen kann, so kann ich dennoch entscheiden, welche Macht ich diesen in meinem Leben einräume. Die Abgabe von Verantwortung haben wir in theologischer Deutung als Struktur von Sünde entlarvt. Sie ist allerdings ein süßes Gift. Solange ich die Verantwortung für mein Leben abgebe, brauche ich auch die Schuld für Fehlentwicklungen nicht zu tragen und kann mein Unvermögen kaschieren.

Nützen wir unsere Talente, Charismen, Begabungen oder stellen wir unser Licht unter den Scheffel? Das ist allein unsere Entscheidung. Zur persönlichen Verantwortung gehört auch, zum Erwachsenen heranzureifen und für sich selbst solche Verantwortung zu übernehmen, dass ich mich psychologisch und finanziell selbst versorgen kann. Ein verbreitetes Missverständnis in diesem Bereich ist die Auffassung, Selbstwertgefühl mit Geliebtwerden gleichzusetzen. Das ist falsch. Nach dem abendländisch-christlichen Menschenbild sind wir dadurch Geliebte, dass uns Gott ins Dasein gerufen hat. Diese Tatsache ist unabhängig von einem Gefühl. Selbstwert bildet sich durch Handlungen und geistige Aktivität. Dabei gründet es in allen persönlichen Wahlentscheidungen, die immer Spuren in unserem Selbst hinterlassen. In jedem Unternehmen finden sich auf jeden Fall Menschen mit entwickeltem und weniger entwickelten Selbstwertgefühl. Während die einen Verantwortung übernehmen, eine Lösung für ein Problem oder eine Herausforderung zu finden, warten andere darauf, dass jemand das für sie tut. Nur der erstgenannten Kategorie ist es zu danken, dass Unternehmen profitabel wirtschaften. Menschen mit Selbstwertgefühl, die mit einem Problem konfrontiert werden, fragen: „Was kann ich tun?“ Menschen mit geringem Selbstwert flüchten in Ausreden, an denen am Ende der Satz steht: „Aber niemand hat mir doch gesagt, was ich tun soll.“

An dieser Stelle möchte ich schon auf das philosophische und theologische Prinzip hinweisen, das aus dem abendländisch-christlichen Menschenbild, das ja nichts anderes ist als eine Deutung von Realität, hervorgeht. Der Grundsatz, eigenverantwortlich zu handeln, ist ein solches axiomatisches Prinzip, d.h. diese

Verhaltensregel wird anderen Verhaltensregeln übergeordnet. Aus der Anerkennung dieses axiomatischen Prinzips folgt, dass andere nicht dafür verantwortlich sind, dass es mir gut geht, dass sie nicht meine Diener sind und nicht dazu geschaffen wurden, meine Bedürfnisse zu befriedigen. Ein Mitarbeitender, der dieses Prinzip als gültig erachtet, wird niemals jemanden bitten, gegen sein Eigeninteresse zu handeln. Wenn wir möchten, dass andere uns in irgendeiner Form entgegenkommen, oder etwas für uns tun, so müssen unsere Beweggründe auch mit den Zielen und Bedürfnissen der oder des Anderen vereinbar sein. Gegenseitiger Respekt, guter Wille und Wohlwollen sind die Früchte solchen Handelns.

4. sich selbstsicher behaupten

Selbstbehauptung heißt, den eigenen Bedürfnissen und Werten Rechnung zu tragen und dies in angemessener Weise praktisch zum Ausdruck zu bringen. Es bedeutet, bewusst zu sehen, zu denken und wahrzunehmen. Für sich selbst einzutreten, sich offen so zu geben wie ich bin und mich selbst bei Begegnungen mit anderen auch mit Respekt zu behandeln sind Ausdruckshaltungen dieser Einstellung. Ich weigere mich, anderen etwas vorzuspielen, um mich bei ihnen beliebt zu machen. Sich selbstsicher zu behaupten ist die Schwester integren Lebens. Eine geläufige Gefahr ist dabei, dass man sich selbst für einen Idealisten hält oder jemand, der seine Werte hochhält, diese aber in der Realität gar nicht lebt. Ein gesundes sich selbstsicher zu behaupten setzt voraus, dass ich meine Wünsche und Ideen wichtig finde. Nur so kann ich Ideen für die Weiterentwicklung meines Arbeitsplatzes oder des Unternehmens auch umsetzen. Ansonsten verlaufen die Ideen im Sande und mein Innovationspotential ist gleich null. Gerade auf unternehmerischer Ebene ist das Vermögen, sich selbst zu behaupten, nicht nur Voraussetzung, um gute Ideen zu haben, sondern auch, um diese weiter zu entwickeln, dafür zu kämpfen, um Unterstützung zu werben und alles zu tun, was in meiner Macht steht, um sie praktisch zu verwirklichen. Und zur Selbstbehauptung gehört schließlich auch, die Bereitschaft, sich den Herausforderungen zu stellen statt ihnen auszuweichen. Es ist immer der Sprung in die Arena, in der die Auseinandersetzung stattfindet, die Selbstbehauptung ausmacht. Ohne sich die Hände schmutzig zu machen, kann ich mich nicht selbstsicher behaupten.

Personen mit einem nicht entwickelten Gefühl der Selbstbehauptung fürchten, ihre Persönlichkeit zum Ausdruck zu bringen, weil sie erwarten, dass sie damit eventuell Ablehnung provozieren. Sie haben Angst ihre Idee umzusetzen oder äußern sie erst gar nicht, weil sie erwarten, damit Eifersucht oder Ressentiments zu wecken. Ein solcher Mitarbeiter kann nicht mit noch so viel Druck oder Fortbildung zu Innovation oder Weiterentwicklung beitragen. Dabei ist das System der Individuation und Selbstbehauptung bereits bei Aristoteles im vierten Jahrhundert vor Christus in seiner Anschauung vom Lebendigsein grundgelegt und mit allen Chancen beschrieben. Hinzu tritt eine Fähigkeit, die ohne selbstsicheres sich behaupten nicht entwickelt werden kann: Das Vertrauen auf das eigene Urteil und damit ein grundlegendes Vermögen, sich mit anderen auseinandersetzen zu können. Die Aufgabe von Selbstbehauptung führt dazu, dass Auseinandersetzungen nicht geführt werden, die unausweichlich sind. Daraus folgt dann eine bis ins kleinste vergiftete Atmosphäre, bei der jedes scheinbar noch so bedeutungslose Detail zu nicht angemessenen Reaktionen führen kann. Dabei arbeiten Menschen dann am besten, wenn sie sich in einer offenen und von Wertschätzung und Respekt getragenen Gemeinschaft vorfinden, in der alle Dinge, die ihnen real zukommende Bedeutung tragen und nicht durch fremde aufgeladen sind. Dabei ist auch zu lernen, dass keine Bewunderung des anderen wie groß sie auch sein mag, den Verzicht auf das eigene Urteil rechtfertigen kann. Hier sei an das Märchen von des Kaisers neuen Kleidern erinnert. Wichtigste Voraussetzung der Steigerung der Fähigkeit sich selbst zu behaupten, ist Mut. Wo auch immer ein Mensch Mut aufbringt, sich selbst auszudrücken und seine Angst davor zu überwinden, wächst das Selbstwertgefühl.

5. zielgerichtet leben

Zielgerichtet zu leben heißt, unsere Fähigkeiten zu nutzen, um die Ziele zu erreichen, die wir gewählt haben. Ohne Ziel zu leben heißt, mein Leben auf Gedeih und Verderb dem Zufall zu überlassen. Dabei fehlt dann der Maßstab, die zufälligen Geschehnisse zu beurteilen, ob sie lohnenswert sind oder nicht. Ausschlaggebend für zielgerichtetes Leben sind nicht die eigenen Fähigkeiten, sondern die Entscheidung, diese bewusst zu nutzen. Männer und Frauen, die zielgerichtet leben, setzen sich produktive Ziele und versuchen diese mit allen ihren Möglichkeiten zu erreichen. Es sind doch nicht die Leistungen, die unseren Wert angeblich beweisen, sondern es ist der Prozess, der zu diesen Leistungen führt, der bewirkt, dass wir Effektivität und Kompetenz entwickeln. Ich kann nicht auf einer abstrakten Ebene wirksam sein, wenn ich nicht in einem bestimmten Bereich wirksam bin. Daraus folgt, dass produktive Arbeit ein wirksames Mittel zum Aufbau des Selbstwertgefühls darstellt. Wird ein solcher Grundsatz in einem Unternehmen wirksam, dann entwickelt sich wie in einer Spirale sich wechselseitig stützendes und korrigierendes System von Produktivität, das allen anderen überlegen ist. Das ist auch der Grund, warum die meisten Menschen im Beruf erfolgreicher sind als im Privatleben. Zielgerichtet zu leben ist im Beruf leichter. In persönlichen Beziehungen hält sich demgegenüber die Vorstellung, dass „die Liebe“ schon allein genügt und dass das Glück von selbst kommt. Fragen sie sich, ob sie einen Aktionsplan gemacht haben mit ihrem Partner oder ihrer Partnerin, was sie tun können und planen, um weiter glücklich zu leben. Ziele, die nicht in einen Aktionsplan eingebunden sind, werden nicht verwirklicht. Sie existieren nur als enttäuschte Sehnsüchte. Für ein Unternehmen eine Katastrophe.

Eine andere unverzichtbare Voraussetzung für zielgerichtetes Leben ist Selbstdisziplin. Diese ist die Fähigkeit, zugunsten eines entfernteren Ziels auf unmittelbare Belohnung verzichten zu können. Ein Unternehmen kann nur effizient funktionieren, wenn seine Mitarbeitenden Selbstdisziplin üben. Auch Spitzenerfolge lassen sich nur über diese Fähigkeit erreichen. Zu einem zielgerichteten Leben gehören folgende Kernpunkte:

- Bewusst die Verantwortung für die Formulierung der eigenen Ziele und Absichten zu übernehmen.
- Sich bemühen zu erkennen, was im Einzelnen getan werden muss, um die Ziele zu erreichen.
- Das eigene Verhalten beobachten, um zu erkennen, ob es in Einklang mit den Zielsetzungen steht.
- Auf die Ergebnisse des eigenen Handelns zu achten, um zu erkennen, ob sie dahin führen, wo wir hin möchten.

Hinzu kommt, wenn eine Person den Fehler macht, das eigene Selbst mit ihrer Arbeit zu identifizieren, statt mir den inneren Tugenden, die die Arbeit ermöglichen, ist das Selbstwertgefühl in erster Linie an das Einkommen geknüpft. Wenn dann das Unternehmen in eine Krise gerät oder gar Konkurs anmelden muss, dann verfallen diese Menschen in Depression oder sind demoralisiert, weil ihr Einkommen kleiner wird. Persönlicher Wert und Effizienz hängen nicht am finanziellen Einkommen, sondern am Selbstwertgefühl. Zielgerichtet zu leben als fünfte Säule des Selbstwertgefühls bedeutet eine Einstellung, die auf jeder Ebene unseres Lebens zum Tragen kommt. Zielgerichtet zu leben, heißt zweckbestimmt zu leben und vorsätzlich zu handeln. Zielgerichtetheit ist das entscheidende Merkmal derer, die ihr Leben in wesentlichen Teilen selbst kontrollieren und daher kaum jemand brauchen, der das für sie tut.

6. persönliche Integrität

Wenn unser Verhalten mit unseren Wertvorstellungen übereinstimmt und unsere Ideale in Einklang mit unserem Handeln stehen, dann sind wir persönlich integer. Wenn mein Handeln oder das Handeln meines Unternehmens mit den von mir vertretenen Werten kollidiert, dann verrate ich meinen Verstand und agiere nicht integer. Alle Menschen haben ein feines Gefühl für solche Übereinstimmungen oder Widersprüche. Das feinste Sensorium für mich, habe ich selbst. Mag alle Welt mich für integer halten, es ist mein Verhalten allein, das auf mich entsprechende Wirkungen entfaltet. Alle Welt kann ich betrügen, nur mich selbst nicht. Das Selbstwertgefühl merkt sich alles, und ich bezahle für alle meine Handlungen einen Preis. Ich kann aber entscheiden welchen. Nur vermeiden kann ich es nicht. Zum Schutz des Selbstwertgefühls ist es notwendig, klar die Grenzen der eigenen Verantwortung zu kennen. Wenn etwas nicht in meiner Macht steht, habe ich auch keine Verantwortung dafür. Und wo es keine Verantwortung gibt, kann es auch keine Schuld geben. Bedauern ist möglich, aber Schuld setzt Verantwortung voraus.

Kein Mensch kann jedoch der Schuld entfliehen. Immer wird es Situationen geben, in denen wir tatsächlich verantwortlich sind, aber Schuldgefühle haben, weil wir nicht integer gehandelt haben. Dazu gibt es vier Schritte, die Integrität wieder herzustellen. Ich werde dieses einmal in theologischer Sprache beschreiben und einmal diese in konkrete Handlungsoptionen übersetzen, weil das abendländisch-christliche Menschenbild hier ein Verfahren etabliert hat, das bewusst oder unbewusst die in Europa und Amerika lebenden Menschen beeinflusst. Die Integrität wieder herzustellen heißt in theologischer Sprache zu büßen. Und dieses Büßen erfolgt in folgenden Schritten. Erkenntnis der Schuld – Bekenntnis der Schuld – Wiedergutmachung – Vergebung. Fehlt eines dieser Teile, dann ist die Integrität nicht voll wieder herstellbar. Übersetzt in Handlungsoptionen heißt das, zunächst die eigene Schuld zu akzeptieren und zu erkennen, dass ich es getan habe und die Verantwortung zu übernehmen. Danach folgt eine Aussprache der Schuld gegenüber der Person oder Institution, der ich einen Schaden zugefügt habe. Dabei sollte klargestellt werden, dass ich mir der Konsequenzen meines Handelns bewusst bin. Im Anschluss gilt es alles in unseren Kräften stehende zu unternehmen, um den angerichteten Schaden zu begrenzen oder zu beheben. Den Abschluss bildet der Entschluss, uns in Zukunft anders zu verhalten. Ohne diese Schritte werden wir uns im Zweifel immer wieder schuldig fühlen und das Selbstwertgefühl beschädigen und jegliche Information über uns oder unsere Situation misstrauisch beobachten. Dieses eben skizzierte Verhalten gilt natürlich nicht nur für persönliche Schuld, sondern auch für das Verhalten von Unternehmen oder Institutionen, die sich schuldig gemacht haben.

Manchmal kommt es vor, dass die Werte, nach denen wir leben, offensichtlich für uns gar nicht stimmen. Sie sind vielleicht durch unsere Geschichte und Erziehung bedingt, aber wir vertreten sie nicht wirklich, weil sie uns letztlich zuwiderlaufen. Hier gilt es, jederzeit meine eigenen gelebten Werte zu hinterfragen inwieweit sie meiner Identität noch entsprechen oder je entsprochen haben. In einem intellektuellen Vakuum ist Integrität nicht praktizierbar. Eine Prüfung meiner Ziele und Werteinstellungen anhand meines konkreten Handelns wird immer wieder zu Veränderungen und Anpassungen an die Realität führen. Je bewusster wir leben, desto mehr leben wir nach unserer eigenen Wahl. Der große Theologe und Philosoph Augustin hat es im fünften Jahrhundert auf die Formel gebracht: „Nimm was Du willst, sagte Gott, und zahle dafür."

Nun kann gegen die beschriebenen Säulen des Selbstwertgefühls eingewandt werden, dass dieses Gefühl die Voraussetzung für entsprechendes Handeln sei. Dazu ist auszuführen, dass gerade die Wechselwirkung von Ursache und Wirkung dieses Gefühl hervorbringt und bildet. Je mehr ich mich im eben beschriebenen Sinne verhalte, umso stärker wird mein Selbstwertgefühl. Umso stärker aber mein Selbstwertgefühl entwickelt wird, umso mehr werde ich mich im hier vorgestellten Sinne verhalten.

Eine Unternehmenskultur, die auf diesen Erkenntnissen aufbaut, kann daher immer nur Prozesscharakter haben. So wie die Entwicklungen der Individuen der Mitarbeitenden verläuft, muss sich auch die Unternehmenskultur verändern und anpassen. Dieses stellt einen sich selbst steuernden Regelkreis dar, der, wenn er nicht gebremst wird, ein hohes Energiepotential eines Unternehmens hervorbringt. An Innovation, Arbeitszufriedenheit und daraus folgend Gewinn für das Unternehmensziel wird dieser Regelkreis unschlagbar. Selbstwertgefühl eines Menschen ist der adäquateste Ausdruck des abendländisch-christlichen Menschenbildes. Daher muss es auch in einem Unternehmen, das sich diesem verpflichtet, Oberziel der Personalentwicklung sein. Am Ende werden dabei nämlich sowohl das Unternehmen als auch die Mitarbeiterin gewinnen.

6. Struktur und Kultur eines Unternehmens mit abendländisch-christlichem Menschenbild

6.1. Paradoxienmanagement

In jedem Unternehmen gibt es ausgesprochen oder unausgesprochen handlungsleitende Prinzipien, Grundsätze oder feste Regeln (Corporate Governance): Ehrlichkeit nach innen und außen, Kundenorientierung, ständige Innovation und Unternehmenswachstum oder steigende Börsenkurse sind nur einige Beispiele, die vielfach ihren Ausdruck in Leitbildern finden. Sie stellen die Identität eines Unternehmens dar und sind für Erkennbarkeit und Attraktivität einer wirtschaftlich handelnden Organisation unverzichtbar. Sind die Prinzipien transparent, kann ein Unternehmen nicht dagegen verstoßen, ohne in der Folge Schaden zu nehmen.

Allerdings gibt es in der Unternehmenspraxis immer wieder Situationen, in denen zwei Prinzipien, die beide Gültigkeit beanspruchen, einander widersprechen (Paradoxie). Aus dem Lebensalltag vieler Menschen bekannt ist zum Beispiel die Paradoxie, dass wir in Deutschland die Hühnerhaltung in Legebatterien zwar meist als tierquälerisch verurteilen, aber gleichzeitig die auf diese Weise produzieren Eier wegen des günstigeren Preises im Supermarkt bevorzugen, wodurch indirekt Tierquälerei unterstützt wird. Eine solche Widersprüchlichkeit ist durch Aufklärung allein kaum aus der Welt zu schaffen. Denn der Grund besteht darin, dass hier zwei Prinzipien miteinander im Streit liegen: Auf der einen Seite geht es dem Konsumenten darum, unter wirtschaftlichen Kriterien so vernünftig und preisbewusst wie möglich zu handeln – auf der anderen Seite um den Tierschutz.

In einem wirtschaftlichen handelnden Unternehmen gibt es ständig Paradoxien: Das eine Prinzip, Mitarbeitende fair zu bezahlen, widerspricht dem anderen Prinzip, möglichst viel Gewinn zu erzielen und Kosten zu minimieren. Das Prinzip, bei Ausschreibungen nicht durch Bestechungen und Manipulationen Vorteile zu erlangen, widerspricht dem Prinzip, möglichst viele Aufträge zu bekommen. Da Paradoxien in jedem Unternehmen vorkommen, seien hier die vier Möglichkeiten vorgestellt, wie mit ihnen umzugehen ist. Vor allen diesen Optionen steht jedoch immer die Klärung, ob das Prinzip klar formuliert und bestimmt ist. Die Prinzipien sind häufig nicht zu Ende gedacht oder widersprechen sich nur scheinbar. Hier gilt Platons Satz: „Die Akzeptanz der Frage ist der Beginn der Unterwerfung." Mit anderen Worten: Ist die Frage falsch gestellt, können auch nur falsche Antworten gegeben werden. Ich unterwerfe mich womöglich einer Fragestellung, die sich gar nicht oder nicht auf diese Weise stellt. Daher ist immer zu prüfen, ob die Prinzipien, die sich ein Unternehmen gibt, auch tatsächlich so sind, wie sie formuliert wurden, und ob sich die so geprüften Prinzipien auch tatsächlich widersprechen. Erst nach einer solchen Prüfung, können die vier jetzt beschriebenen Möglichkeiten überhaupt Anwendung finden.

1. Alleingeltung eines Prinzips

Ich lasse ein Prinzip gelten und verneine oder unterdrücke das andere. Dann kann ein Unternehmen das geltende Prinzip klar veröffentlichen und damit werben, es sogar zum Profil seines Unternehmens machen. Wenn ich zum Beispiel bei Ausschreibungen tatsächlich Ehrlichkeit und Transparenz in den Vordergrund stelle, darf ich nicht bestechen, um Aufträge zu erlangen. Der Preis für die Geltung eines ausschließlichen Prinzips ist allerdings, dass ein Unternehmen, das sich zu diesem bekennt, es niemals verletzen darf. Tut es dies geheim und kommt das an das Tageslicht, ist der Schaden fast nicht wieder gut zu machen. Die Glaubwürdigkeit ist schwer beschädigt und damit die Bewertung aller Unternehmensäußerungen. Außerdem geht dann viel Energie dieses Unternehmens in die Geheimhaltung des verborgenen Tuns, das dem anderen Prinzip huldigt. Die Vernachlässigung des nicht gelebten oder verneinten Prinzips macht unbeweglich, weil es ja einen Bereich von Handlung abdeckt, der für das Unternehmen auch wichtig ist.

Dieser kann für das Unternehmen nicht fruchtbar gemacht werden und erschwert sowohl Innovation als auch Reaktion bei neuen Herausforderungen. Sein Vorteil ist allerdings die Erkennbarkeit und die klaren Handlungsoptionen, die sich daraus ergeben.

2. Zwei widersprechende Prinzipien gelten gleichzeitig.

Ich lasse beide Prinzipien gelten und entscheide von Fall zu Fall. Wird transparent, dass beide Prinzipien in einem Unternehmen gültig sind, entsteht eine hohe Flexibilität. Kein Bereich des Handels bleibt unberücksichtigt, weil Prinzipien immer die wirtschaftliche und gesellschaftliche Wirklichkeit spiegeln. Das Unternehmen kann wirklichkeitsnah und kreativ auf alle gestellten Herausforderungen reagieren und tatsächlich von Fall zu Fall neu entscheiden. Das bedingt natürlich auf der anderen Seite einen hohen Gesprächsbedarf und in der Regel eine schwierige Entscheidungsfindung. Diese ist aber meist der gegebenen Situation wirklich angemessen. Natürlich ist das Ergebnis nicht leicht vermittelbar, weil ja in jedem Fall die Kriterien der Entscheidung neu bestimmt werden müssen. In der Außerdarstellung muss sehr differenziert und sachgemäß kommuniziert werden, warum welche Kriterien zur entsprechenden Entscheidung geführt haben. Das erschwert eine klare Erkennbarkeit des Unternehmens.

3. Mal so, mal so

Ich lasse einmal das eine, einmal das andere Prinzip gelten und gebe dabei klare Kriterien an (Kasuistik). Diese Form des Paradoxienmanagements hat den Vorteil, dass alles immer klar ist. Bis ins Detail sind die Entscheidungen im Vorwege bereits deutlich und leicht transparent zu machen. In der öffentlichen Darstellung ist das Unternehmen deutlich präsentiert. Es enthebt in der Regel die Entscheidungstragenden auch von der Letztverantwortung, weil alles im Vorwege feststeht. Allerdings ist dieses System sehr statisch. Letztlich stülpt es der Wirklichkeit des wirtschaftlichen Handelns ein Korsett über, das nicht flexibel ist. Änderungen an den im Vorwege festgelegten Entscheidungskriterien bedingen einen Wechsel in der Unternehmenskultur. In komplexen Fällen ist es gar nicht anwendbar, weil niemals im Vorhinein alle Bedingungen einer Entscheidungssituation klar sein können. Damit wird es autoritär, ohne eine Autorität zu sein, denn diejenigen, die die Entscheidungskriterien einmal festgelegt haben, bestimmen damit für lange Zeit die Handlungskultur des Unternehmens, ohne auf neues Wissen und neue Entwicklungen eingehen zu können. Damit bleibt etliches Wissen innerhalb des Unternehmens für die Entscheidungsfindung ungenutzt. Das ist letztlich Ressourcenverschwendung.

4. Das Problem scheint gar nicht da.

Natürlich lässt sich das gesamte Problem der Paradoxien einfach ignorieren. Dann braucht das Problem, dass sich aus der Gültigkeit widersprechender Prinzipien ergibt, gar nicht behandelt zu werden. Allerdings: Das Verdrängte kommt immer wieder. Wenn ein Unternehmen Probleme ignoriert, wird es nicht lange bestehen können, da Ignoranz nur kurzfristig Erleichterung verschafft, weil ja scheinbar das Problem gar nicht besteht. Es ist aber trotzdem vorhanden und wird dann scheingelöst, was niemals zu einer fruchtbaren Unternehmensentwicklung führen kann.

Werden nun die vier vorgestellten Möglichkeiten, mit Paradoxien umzugehen, gewichtet, stellt sich heraus, dass der Wirklichkeit unternehmerischen Handelns und wirtschaftlicher und sozialer Erfordernisse das Verfahren der aktuellen Abwägung zwischen zwei gleich gültigen Prinzipien der Unternehmensentwicklung (Möglichkeit 2) am förderlichsten erscheint. Dieses umso mehr, weil die Geschichte unternehmerischen Scheiterns in der Regel vom Paradoxienmanagement der drei anderen Formen begleitet wird. Untersuchungen des Instituts der Deutschen Wirtschaft zur Unternehmenskultur haben ergeben, dass in Europa allerdings mehrheitlich die erste Form des Paradoxienmanagements gewählt wird: Ein Prinzip gilt – und das ihm widersprechende wird geheim gelebt oder verneint. Eine in der letzten Zeit öffentlich gewordene Form solchen Vorgehens ist die Behauptung, als Unternehmen jederzeit ehrlich und ohne Bestechung nach Regeln ehrbarer

Kaufleute zu handeln und gleichzeitig im Geheimen das Gegenteil zu tun. Kommt dieses ans Licht, ist der Verlust an Glaubwürdigkeit und Ansehen kaum wieder gut zu machen. Beim Siemenskonzern und der Deutschen Bank konnte man jüngst genau solches Vorgehen ablesen. Siemens hatte trotz gegenteiliger Versicherung Bestechungsgelder gezahlt und die Deutsche Bank hatte nach Urteil des Oberlandesgerichtes München den Konkurs des Medienunternehmers Kirch mitverschuldet und wichtige Zinssätze international manipuliert. Die veröffentlichte Unternehmensethik sagte das Gegenteil aus.

Maßstäbe fairen Wettbewerbs sind leicht zu setzen und schwer einzuhalten. Auf der einen Seite kämpfen beispielsweise „Transparency International" oder der Britische „Bribery Act" (Gesetz gegen Bestechung im Wirtschaftsleben aus dem Jahr 2011) für einfach einzusehende moralische Normen, auf der anderen Seite steht der Druck der Unternehmen, am Markt zu bestehen und sich Vorteile zu verschaffen sowie Wünsche von Menschen nach Anerkennung und materiellem Wohlstand.

Auf der Grundlage des abendländisch-christlichen Menschenbildes hilft es, sich diese Spannung bewusst zu machen und eine Koalition derer zu schmieden, die den Weg von Transparenz und ehrlichem Wettbewerb gehen wollen. Die Gefahr liegt jedoch darin, das geschilderte Prinzip öffentlich zu vertreten und das andere geheim zu leben.

Abschließend seien hier die vier möglichen Formen von Paradoxienmanagement, die schon bei Aristoteles bekannt ihre Wirkungsgeschichte entfaltet haben, tabellarisch vorgestellt:

	Lösung der Paradoxie	Chancen	Risiken
1	Ein Prinzip herrschen lassen	Klare Entscheidung; öffentliche Transparenz herstellbar; glaubwürdig	Vernachlässigung des anderen Prinzips; unbeweglich; für neue Herausforderungen nicht gerüstet
2	Beide Prinzipien gleich gelten lassen	transparent, flexibel, wirklichkeitsnah, kreativ	Schwierige Entscheidungen, hoher Gesprächsbedarf, schwer vermittelbar
3	Kasuistik	Es ist alles klar; bis ins Detail kommunizierbar	Statisch, in komplexen Fällen nicht anwendbar; zeitbedingt; autoritär
4	Ignorieren	Problem braucht nicht behandelt zu werden	Das Verdrängte kommt immer wieder.

In einem Unternehmen, das sich dem abendländisch-christlichen Menschenbild verpflichtet weiß, lassen sich Kriterien benennen, mit Paradoxien umzugehen. Im Ergebnis wird das Vorgehen, das hier unter Nummer 2 beschrieben wurde, als das diesem Menschenbild entsprechende Verhalten begründet. Dieses wird in dem Grundsatz vermittelt, dass ein Mensch, der in Übereinstimmung mit seinen Werten lebt und handelt, der sich liebt und geliebt wird, die Wahrheit, besser die Wahrhaftigkeit, zum Grundprinzip seines Lebens macht. Damit gibt er oder sie anderen bewusst oder unbewusst die Erlaubnis, dieses auch zu tun. Wahrhaftigkeit fürchtet keine Transparenz, ja bringt diese sogar hervor. Eine durch das abendländisch-christliche Menschenbild geprägte Unternehmenskultur wird immer Autorität haben, da sie ihre Begründungen in einer Gemeinschaft gegenseitiger Achtung, Wertschätzung und Respekt vorbringt.

Autoritäre Formen der Kommunikation haben in ihr keinen Platz, weil Gehorsam nicht durch Hierarchie, sondern durch plausible Argumentation hervorgebracht wird. Damit wird ein Modell der Kasuistik, Nummer 3, durch seine statische Form, diesem lebendigen Organismus Unternehmen nicht gerecht. Paradoxienmanagement in der Form, dass sich widersprechende Prinzipien gleich in Geltung stehen und in jeden Einzelfall neu betrachtet und entschieden werden, entsprechen dem atmenden Strukturmodell eines am abendländisch-christlichen Menschenbild orientiertem Unternehmen.

6.2. Authentisches Führen

Jedem Menschen eignen bestimmte Charaktereigenschaften, Begabungen und Schwächen. Diese als Geschenk an die Welt zu begreifen, lehrt das abendländisch-christliche Menschenbild. Durch Marktveränderungen können jederzeit sogenannte unerwünschte Eigenschaften eines Menschen plötzlich zu innovativen Impulsen und Entwicklungen führen, die die Sichtweise auf diese Eigenschaft ins positive wenden. Jede Formulierung der Rollenerwartung eines Mitarbeitenden sollte dieses berücksichtigen und ausschließlich von erwünschtem und unerwünschten Verhalten, nicht aber von erwünschten und unerwünschten Eigenschaften sprechen. Damit wird sichergestellt, dass die Individualität eines Mitarbeitenden geschätzt wird, denn nicht die Eigenschaften eines Menschen unterliegen der Kritik oder Wertschätzung, sondern dessen Verhalten. Damit wird zwischen dem Menschen und seinem Verhalten unterschieden. Denn ein Mensch kann nach Einsichten des abendländisch christlichen Menschenbildes niemals verworfen oder bewertet werden, sondern ausschließlich dessen Verhalten. Diese Unterscheidung bei allen Veröffentlichungen oder Äußerungen von Vorgesetzten zu berücksichtigen ist ein hoher kultureller Wert für die Personalführung eines Unternehmens, das sich dem abendländisch-christlichen Menschenbild verpflichtet weiß.

Jedes Unternehmen vertritt bewusst oder unbewusst ein Rollenbild seiner Mitarbeitenden. Im Idealfall sind das Verhalten der Mitarbeitenden und diese Rollenerwartung in Deckung. Das ist jedoch die Ausnahme. Wie können aber die Individualitäten einer Person mit der Rollenerwartung eines Unternehmens in Übereinstimmung gebracht werden? Grundsätzlich gibt es dazu drei Möglichkeiten:

1. Ich setze den Mitarbeiter in dem Betrieb so ein, dass nur die von ihm mitgebrachten Eigenschaften, Fähigkeiten und Vorlieben genau an dieser Stelle gebraucht werden. Die Schwierigkeit ist, wie bei jeder Stellenbesetzung, dass eine genau passende Mitarbeiterin gefunden werden muss, deren Eigenschaften dem Stellenprofil möglichst entsprechen. Ich spare damit aber Ausbildungs- und Fortbildungsprogramme.

2. Ich setze einen Mitarbeiter, der die notwendigen Kenntnisse für einen Arbeitsplatz mitbringt, auf eine Stelle und entwickele ein Ausbildungsprogramm mit dem Ziel, die Rollenerwartung durch weitere Vermittlung von Fertigkeiten zu erfüllen. Dabei ist gleichgültig, welche Eigenschaften die Mitarbeiterin von sich aus mitbringt. Bei diesem Vorgehen werden oft enorme Kosten für die Anpassung eines Mitarbeiters an die Rollenerwartung ausgegeben. Wenn aber die individuellen Eigenschaften der Mitarbeiterin nicht zu der Rollenerwartung passen, wird man immer nur eine dünne Tünche von gewünschten Verhalten über die Authentizität der Person bringen können.
3. Ich bilde einen Mitarbeitenden gleich welcher Voraussetzung so aus, dass er oder sie eine Haltung einnimmt, die individuelle Persönlichkeit und organisatorische Rollenerwartung in Übereinstimmung bringt. Dieses wird authentisch Führen genannt und kann erlernt werden.

Da authentisch Führen eine Haltung und keine Technik ist, bedarf es der Auseinandersetzung einerseits mit der eigenen Person und andererseits mit den Erwartungen der Organisation an die konkreten Rollentragenden in ihrer jeweiligen Funktion. Die Auseinandersetzung mit der eigenen Person geschieht durch Identifizieren, Reflektieren und Akzeptieren personaler Stärken, Schwächen, Überzeugungen und Werte. Es sind letztlich Arbeitsformen der Persönlichkeitsentwicklung. Die Auseinandersetzung mit den Erwartungen der Organisation an ihre Rollentragenden geschieht durch Identifizieren und Reflektieren der in der Organisation wirksamen Werte und Einstellungen. Die Erkenntnisse aus beiden Prozessen werden zusammengefügt und abgeglichen. Daraus werden Konsequenzen für das Führungshandeln gezogen, die bewährte Führungsmethoden integriert. Am Ende steht eine kraftvolle und glaubwürdige Führungspersönlichkeit.

Zur Konkretion dieses Modells eine mögliche Grundlageneinheit zur Implementierung „Authentisch Führen“:

Zeitrahmen: Drei zweitägige Seminare

Personal: Zwei Beratende

1. Seminar:

Was ist meine Authentizität?

- Einholen der eigenen Erfahrung: Wie bin ich geführt worden? Was sind für mich Kriterien für Führung? Ergebnis: Was sind meine Kennzeichen von Führung?
- Einholen der eigenen Wertvorstellungen: Was sind meine Grundüberzeugungen und Werte in Hinsicht auf Führung?
- Dialog der Ergebnisse von Punkt 1 und Punkt 2
- Authentizität heißt, sich zu entscheiden. Was hilft mir, mich zu entscheiden. Was hindert mich daran? Strukturen, Erfahrungen
- Inneres Team: Wenn ich an mich als Führungskraft denke, dann.... Dann wechselseitiges Vorstellen der Ergebnisse

2. Seminar:

Ich mit meiner Authentizität in meiner Organisation

Was ist das Leitbild meiner Organisation und wie wird es gelebt? Vorgesetzte, Kollegen, Untergebene. Was sind die heimlichen Leitbilder meiner Organisation?

3. Seminar:

Mittel und Werkzeuge zu mehr Authentizität

Transformation von Hinderungen in kreatives Handeln

Wie führe ich ein authentisches Leben:

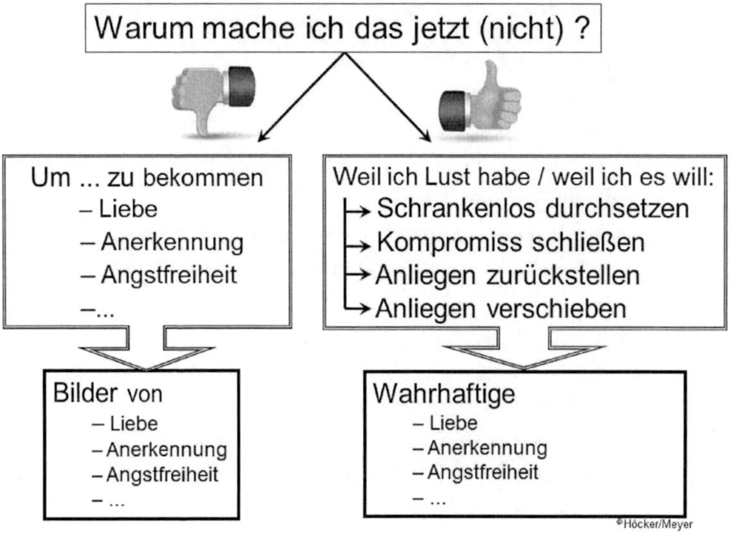

6.3. Managing Diversity

Im abendländisch-christlichen Menschenbild stellt die Individualität einer Person den Höchstwert dar. Ihre Individualität ist ein Geschenk an die Welt und sie zu erkennen ist nicht nur Mittel der Selbsterkenntnis, sondern an der Fülle der Verschiedenheiten lässt sich das Wesen Gottes ableiten. Für ein wirtschaftlich handelndes Unternehmen stellt die Individualität von Mitarbeitenden eine Ressource dar, die er zu erschließen gilt. Die Begründung wurde bereits beim Kapitel über das Selbstwertgefühl dargestellt. Die Wertschätzung der genannten Vielfalt und deren positive Nutzung für das Ganze eines Unternehmens werden als „managing diversity" bezeichnet. Dieses stellt eine Kulturtechnik dar, deren Elemente gelernt und als Haltung etabliert werden können.

Die Forschung hat klargestellt, dass zwischen Vielfalt (diversity) und Vielheit (multiplicity) zu differenzieren sei. Bei Vielheit stehen die verschiedenen Eigenschaften der Mitarbeitenden eines Unternehmens beziehungslos nebeneinander. Bei Vielfalt sind diese über eine gemeinsame Handlungsperspektive aufeinander bezogen. Eine Gruppe, in der Vielheit regiert, wird auf Dauer auseinandergehen. Eine Gruppe, in der Vielfalt regiert, wird auf Dauer zusammenbleiben. Diese Erfahrung benennt die Forschung mit den Termini „heterodox ohne gemeinsame Handlungsperspektive" und heterodox mit gemeinsamer Handlungsperspektive".

Eine Unternehmenskultur, die das abendländisch-christliche Menschenbild zugrunde legt, kann nur als heterodoxe Gruppe mit gemeinsamer Handlungsperspektive bestehen. Die Heterodoxie entsteht durch die Vielfalt der Individuen. Die gemeinsame Handlungsperspektive stellt der Unternehmenserfolg dar. In einer solchen Kultur wird Vielfalt hoch geschätzt. Sie dient nämlich dazu, alle Eigenschaften von Mitarbeitenden als wichtig für das gesamte Unternehmen zu betrachten. Eine z.B. jetzt noch nicht geschätzte Eigenschaft eines Mitarbeitenden kann durch Marktveränderungen plötzlich zum entscheidenden Faktor im Wettbewerb werden. Eine noch nicht gelebte Eigenschaft eines Mitarbeitenden kann durch solche Veränderungen in den Mittelpunkt des Interesses rücken. Eine Eigenschaft eines Mitarbeitenden kann einen noch nicht gekannten Innovationsimpuls bewirken. Damit muss aber die Unternehmenskultur sicherstellen, dass zwischen erwünschten und unerwünschten Eigenschaften von Mitarbeitenden auf Dauer keine Hierarchie entsteht und Eigenschaften dadurch unterdrückt werden. Leitbilder und die strenge Durchsetzung von Zielen der Mitarbeiterentwicklung in Hinsicht auf wenige besonders geschätzte Eigenschaften, führen zur Unterdrückung von anderen Eigenschaften, die im Wettbewerb einmal entscheidend sein könnten. Ist die Unternehmenskultur jedoch darauf ausgerichtet, Persönlichkeitsentwicklung als Leitziel anzusehen, dann gilt es, die Mitarbeitenden gemäß ihren Eigenschaften auch einzusetzen. Damit wird dann die Energie für die Unterdrückung von bestimmten Individualitäten in Kreativität verwandelt. Um mit dieser Kreativität auch konstruktiv umzugehen, bedarf es wiederum einer prozessorientierten Unternehmensstruktur, die für neu oder stärker hervortretende Eigenschaften auch die entsprechenden Einsatzmöglichkeiten bereithält. Eine dermaßen orientierte Unternehmenskultur setzt einerseits unglaubliche Energie frei und bringt andererseits einen partnerschaftlichen Umgang miteinander hervor. Denn wenn alle aufgrund des abendländisch-christlichen Menschenbildes untereinander gleich aber mit verschiedenen Gaben ausgestattet sind, bedarf es Vorgesetzten, die diese Eigenschaften fördern und nutzen wollen. Dieses funktioniert allerdings nur, wenn die grundlegende Gleichheit aller in der Struktur eines Unternehmens so umgesetzt wird, dass ein Vorgesetztenverhältnis eine Weisungsberechtigung aufgrund von fachlicher oder organisatorischer Plausibilität und Argument begründet und nicht auf rechtlicher Stellung im Betrieb. Die rechtliche Stellung einer Vorgesetzten kann der Plausibilität ausschließlich Ausdruck verleihen, diese jedoch nicht begründen.

Das stellt hohe Anforderungen an alle, die in einem solch geführten Unternehmen Verantwortung tragen und bedingt letztlich eine langfristige Orientierung am Modell des authentischen Führens. Dieses wiederum bringt von allein mit den im anderen Kapitel beschriebenen Methoden kreative und energiegeladene Mitarbeitende hervor.

Die Gleichheit aller Menschen, die im abendländisch-christlichen Menschenbild gründet, muss neben der Verhältnisbestimmung zwischen Vorgesetzten und Untergebenen sich ebenfalls in der gleichen Behandlung von Männern und Frauen ausdrücken. Damit muss die Technik des „managing diversity“ durch das Verfahren von „gender mainstreaming“ ergänzt werden. Dieses beschreibt die Aufgabe, die unterschiedlichen Interessen und Lebenssituationen von Frauen und Männern in der Struktur, in der Gestaltung von Prozessen und Arbeitsabläufen, in den Ergebnissen und Produkten, in der Kommunikation und Öffentlichkeitsarbeit und in der Steuerung von vornherein zu berücksichtigen. Der englische Ausdruck „gender“ bezeichnet das soziale oder psychologische Geschlecht einer Person im Unterschied zu ihrem biologischen Geschlecht (engl. sex). Gender wird mithin als soziale Realität gesehen und nicht als natürlich gegebenes Faktum. Diese Erkenntnis wird in einem wirtschaftlich handelnden Unternehmen selbstverständlich zur Hauptströmung (mainstreaming) und damit zur Querschnittsaufgabe für alle Bereiche, wenn das abendländisch-christliche Menschenbild die Grundlage darstellt. Versteht ein Unternehmen die Individualität von Mitarbeitenden als Ressource gilt es im gleichen Atemzug sich auch der Gleichheit aller zu verpflichten. Durch die Erkenntnisse der Genderforschung zeigt sich auch, dass die Bevorzugung von Männern oder Frauen aufgrund des biologischen Geschlechtes Geschichte ist. Hier ist Christoph Kucklick zuzustimmen, der 2012 in der „DIE ZEIT“ schreibt: „Wenn Aufsichtsräte und Aktionäre ein, zwei Jahrzehnte sehen, dass Frauen auch nichts anders machen als Männer, können sie endlich unabhängig vom Geschlecht entscheiden: und eine kalte, rücksichtlose Frau ernennen, wenn sie das Unternehmen umkrempeln wollen; und einen sanften, verbindlichen Mann, wenn es um den Betriebsfrieden geht. Oder umgekehrt.“

Managing diversity dient in einem Unternehmen mit abendländisch-christlichem Menschenbild auch als Schlüssel der Personalauswahl. Meist scheint es leichter, die Mitarbeitenden sozial und fachlich homogen zusammenzustellen. Dadurch wird versucht, Reibungsverluste untereinander zu minimieren und die Kommunikation zu erleichtern. Das ist zweifellos richtig. Dieses Verständnis von Personalauswahl führt jedoch zum Ausschluss wichtiger Perspektiven und der Abkehr von Eigenschaften, die einmal für den Markt erheblich werden können oder sogar Aspekte von ihm im Unternehmen unterschlagen. Stellt managing diversity zusammen mit gender mainstreaming jedoch den Verstehensschlüssel für die Personalauswahl dar, wird das Unternehmen von allein sowohl familienfreundlich und attraktiv für alle Geschlechtsidentitäten und Lebensformen als auch vielfältig in den bereitgehaltenen Ressourcen, die in den Eigenschaften und Perspektiven der Mitarbeitenden liegen. Wie oft erfahrbar ist hier der schwierigere Weg der bessere. Es gilt der Versuchung zu wehren, es sich in einer homogenen Gruppe auf Dauer zu gemütlich zu machen, weil aus den Mitarbeitenden heraus keine Veränderungsimpulse zu erwarten sein werden, weil niemand gern ein wärmendes Nest verlässt.

6.4. Organisationale Konsequenzen

Ein Unternehmen auf der Grundlage des abendländisch-christlichen Menschenbildes zielt in der Personalentwicklung auf Mitarbeitende mit Selbstwertgefühl. Menschen mit entwickeltem Selbstwertgefühl sind bereit, ihre Individualität und Verschiedenheit als Kapital in die Unternehmensentwicklung einzubringen. Dabei identifizieren sie sich mit dem Unternehmen und seinen Zielen und wollen darin aktiv mitwirken. Um diese Mitwirkung sicherzustellen und damit alles verfügbare Wissen der Mitarbeitenden auch der Unternehmensentwicklung zur Verfügung zu stellen, bedarf es einer Organisationsstruktur, die flexibel ist und den Wissenstransfer von allen zu allen sicherstellt. Daneben sind Strukturen der Wertschätzung zu etablieren, die als Rückmeldungen des Unternehmens auf die Arbeitsleistung interpretiert werden sollen. Diese Struktur von Wertschätzung als Rückmeldungskultur meidet keine Kritik oder Benennung von Fehlern, denn die wahrhaftige Rückmeldung auf ein Verhalten ist der Ausdruck höchsten Respekts und entspricht damit ganz dem vertretenen Menschenbild. Hier darf einmal der Satz der Konfuzius für die Rückmeldungen gelten: „Wahre Worte sind nicht schön, schöne Worte sind nicht wahr.“ Diesem Sinn einer respektvollen Wahrhaftigkeit gilt es bei allen Rückmeldungen Geltung zu verschaffen. Mit einer solchen Rückmeldungskultur als Struktur von Wertschätzung können auch nur Mitarbeitende mit Selbstwertgefühl konstruktiv umgehen. Menschen mit gering entwickeltem Selbstwert werden wahre, aber nicht schöne Worte, als Beleidigung und Zurückstellung empfinden und daraus keine für das Unternehmen wichtigen Konsequenzen ziehen.

Ein nach den genannten Kriterien strukturiertes System ist in der Lage, kurzfristige Veränderungen und langfristige Strategien gleichzeitig umzusetzen und auf Marktveränderungen und Marktkontinuitäten gleichermaßen leistungsfähig zu reagieren. Ein wichtiges Merkmal der Organisation eines Unternehmens mit abendländisch-christlichem Menschenbild ist daher die Flexibilität von Strukturen.

Diese Flexibilität wird am besten durch prozessorientierte Organisationsentwicklung erreicht, da diese wie eine Spirale die Organisation eines Unternehmens immer wieder verändert und nach Abschluss der Veränderung neu beginnt. Sie ist unserer Überzeugung nach die zuverlässigste Methode, abendländisch-christliches Menschenbild und ökonomischen Erfolg optimal aufeinander zu beziehen.

Prozessorientierte Organisationsentwicklung auf der Grundlage des abendländisch-christlichen Menschenbildes funktioniert nach acht Merkmalen der Projektentwicklung als Organisationsentwicklung. Nachfolgend werden diese aufgezählt und beschrieben:

1. Rahmenbedingungen klären
2. Den Prozess als Zyklus (eine aufsteigende Spirale) definieren
3. Vom Projekt Betroffene zu Beteiligten des Prozesses machen
4. Das abendländisch-christliche Menschenbild in allen Methoden beachten
5. Krisen als Motor der Veränderung deuten
6. Personalentwicklung von Organisationsentwicklung unterscheiden
7. Zeit mit Prozessdenken zu verbinden und nicht nur mit wirtschaftlicher Nutzung von Zeiteinheiten
8. Synergien nutzen

1. Rahmenbedingungen klären

Am Beginn eines Organisationsentwicklungsprozesses müssen die Rahmenbedingungen zwischen Auftraggebenden und denen, die diesen durchführen, klar sein. Ohne externe Beratung beider Seiten ist dieses kaum möglich, da die Außenperspektive beiden Seiten Prozessklärung und Unterstützung zukommen lässt. Die Rahmenbedingungen sollten in einem Kontrakt festgehalten werden, dessen Charakter nicht primär rechtlich gefasst ist, sondern wechselseitigen Respekt und entsprechende Verbindlichkeit zum Ausdruck bringt. Der Kontrakt kann auch allein mündlich erfolgen, aber durch Zustimmung und Versicherung von beiden Seiten. Er sollte genaue Angaben über Ziele, finanzielle und personelle Ressourcen und Laufzeit enthalten.

2. Den Prozess als Zyklus (eine aufsteigende Spirale) definieren

Innerhalb der wissenschaftlichen Erforschung der Organisationsentwicklung gibt es zwar unterschiedliche Begrifflichkeiten und verschiedene Angaben über die Zahl der Phasen eines solchen Prozesses, einig ist man sich aber, dass die Entwicklung zyklisch im Rahmen eines Regelkreises verläuft. Allgemein lässt sich die Prozessentwicklung in vier Phasen einteilen. Dieses Modell wurde von Bruce Tuckmann 1965 in Amerika entwickelt und erklärt bis heute gültig die immer gleich ablaufenden Phasen eines Veränderungsprozesses in einer Gruppe, die in originaler Begrifflichkeit *Forming, Storming, Norming und Performing* genannt werden.

Forming (Gründung)

In dieser Phase der Entwicklung wird die Gruppe gegründet und eine erste Zusammenkunft erfolgt. Wichtig ist hier, auf das Wissen der Gruppenmitglieder zu hören und diese nicht mit eigenem Wissen zu erschlagen. Dabei sollte die Gruppenleitung die Diskussion strukturieren, Verantwortlichkeiten klären und Kernaufgaben festlegen. Aufregung, Ängste und Unsicherheiten prägen diese Phase.

Storming (Stürmischer Verlauf)

Kommt eine Prozessentwicklung in diese zweite Phase, realisieren die Gruppenmitglieder die Fülle der vor ihnen liegenden Arbeit und die Schwere der Aufgabe. Die Ängste vergrößern sich manchmal zur Panik, es nicht zu schaffen. Durcheinander und Verwirrung stellen sich ein und sind das vorherrschende Gefühl während dieses Phase. Klarheit, Konzentration auf die Kernaufgaben, ruhiges Durchhalten der anvisierten Ziele werden jedoch die Phase zu bewältigen helfen. Die Stimmung schwingt oft zwischen Zuversicht und Resignation angesichts der Aufgaben. Ehrlichkeit aufgrund des wechselseitigen Respektes ermöglicht jedoch, alle Herausforderungen in dieser Phase zu meistern. Lösungen für einzelne Probleme können gemeinsam erarbeitet werden, um Ruhe und Sicherheit in dieser schwierigsten Prozessphase zu unterstützen. Das einfachste ist, einfach „seinen Job zu machen".

Norming (Beruhigung und erste Erfolge)

In dieser Phase haben die Gruppenmitglieder gelernt, miteinander zu arbeiten. Kooperationen zeigen sich, größere Akzeptanz untereinander und Feedbackkultur zeichnen sich ab. Das Team beginnt den Prozess als seinen Prozess zu begreifen und sich anzueignen, denn „niemand wäscht ein geliehenes Auto". In dieser Phase braucht ein Team große Freiheiten. Aufgabe der Führung wäre, das Team wachsen zu lassen.

Performing (Ziel erreicht)

Die Abschlussphase eines Prozesses ist gekennzeichnet durch ein ausgeprägtes Gruppengefühl. Der Erfolg des Ganzen ist gemeinsame Sache geworden. Erstmals kommt das Gefühl auf, Zeit zu haben. Es entstehen neue Ideen zur Implementierung neuer Prozesse, die dann wieder mit Phase eins beginnen. Die Prozesse selbst aber verlaufen wie eine Spirale aufwärts. Es wird immer besser.

3. Vom Projekt Betroffene zu Beteiligten des Prozesses machen

Bei Veränderungsprozessen auf der Grundlage des abendländisch-christlichen Menschenbildes sind nicht nur die Führungskräfte beteiligt, sondern auch Mitarbeitende auf allen Ebenen, die von diesem Prozess betroffen sind. Da Menschen in ihren Ressourcen begrenzt und auch fehlbar sind, wird die zu leistende Arbeit auf verschiedene Gruppen verteilt, in denen Menschen zusammengeführt sind, die starke Eigenschaften haben, die die Gruppe braucht. Bewährt hat sich die Aufteilung in Projekt- oder Steuergruppen und Gruppen, die die Entscheidungen fällen und den Prozess gestalten. Die Steuergruppen haben den Auftrag, den Prozess zu sichern, terminlich zu überwachen und den Informationsfluss sicherzustellen. Die anderen Gruppen führen den Prozess durch und entscheiden auch. Die Rahmenbedingungen, unter denen ein solches Projekt gestartet wird, bedingen jedoch oft große Unterschiede in der Partizipation. Je mehr die Meinung aller geschätzt wird, umso größer ist die Bereitschaft, sich selbst in Veränderungsprozessen einzubringen und kreativ und aktiv sich in diesen zu beteiligen. Die Aufteilung in Steuer- und Prozessgruppen hilft, die verschiedenen Charismen einzubinden und den Wissenstransfer sicherzustellen. Wird das hier vertretene Menschenbild konsequent beachtet, bildet sich aus den Steuer- und Projektgruppen, die noch von Führungskräften eingesetzt werden müssen, am Ende eine innerbetriebliche automatische Steuerung einer lernenden Organisation. Führungskräfte gelangen dann in die Funktion einer Steuergruppe und können sich darauf verlassen, dass die Charismen der Mitarbeitenden für alle Prozesse optimal genutzt werden. Steuergruppen können gerade durch extern Beratende die Charismen und Stärken hinzugewinnen, die aus der eigenen Mitarbeitendenschaft nicht zu rekrutieren sind.

4. Das abendländisch-christliche Menschenbild in allen Methoden beachten

Das ursprünglich aus der alten Arbeitswelt oder dem asiatischen Kontext stammende Bild des funktionalen und rationalen Menschen wird in Europa und Amerika zunehmend vom abendländisch-christlichen Menschenbild abgelöst. Bildet das abendländisch-christliche Menschenbild die theoretische und praktische Grundlage der Kultur und Organisation eines Unternehmens, darf dieses nicht auf seine Methoden reduziert werden. Es gilt, den Menschen als Ausgangspunkt zu nehmen, der die Grenzen seiner Persönlichkeit erweitern möchte, bereit ist, Risiken einzugehen und ungenutzte Potentiale zu verwirklichen. In der Mitte aller Überlegungen steht ein Mensch, der bereit ist, seine Energien auf Sinn und Werte im Leben und Arbeiten auszurichten und fähig und willens ist, Entscheidungen zu treffen und Verantwortung zu übernehmen, wenn man ihn nur lässt. Vielfach subsumiert man heute das abendländisch-christliche Menschenbild unter der humanistischen Psychologie oder setzt die Menschenbilder gleich. Torsten Nicolaisen hat hier die Brücke zwischen abendländisch-christlichem Menschenbild und dem der humanistischen Psychologie gebaut. Fast alle der hier genannten Methoden und Hinweise finde sich dort auch, so dass es im Ansatz gerechtfertigt ist. Das unterscheidend Besondere des abendländisch-christlichen Menschenbildes liegt jedoch in dem konkreten Angebot der Sinnstiftung und der Rückbindung an eine Macht, die menschlicher Verfügung entzogen ist. Das hat im Detail solch erhebliche Konsequenzen, dass eine völlige Übereinstimmung von abendländisch-christlichem Menschenbild und humanistischer Psychologie nicht möglich ist, wiewohl beide dem Ziel dienen, Menschen in ihrer Individualität zu entfalten, zu stärken und zu bilden. Die Literatur der humanistischen Psychologie stellt präzise und mit dem abendländisch-christlichem Menschenbild vereinbare Methoden und Denkansätze vor, die hier ebenfalls fruchtbar gemacht werden.

5. Krisen als Motor der Veränderung deuten

Für einen Veränderungsprozess, der Strukturen und Mitarbeitende sowohl an Marktveränderungen als auch an Marktkontinuitäten immer wieder anpasst, sind Harmonie, Motivation und Begeisterung unverzichtbarer Bestandteil. Aus der Sicht des abendländisch-christlichen Menschenbildes und des daraus hervorgehenden unbedingten Respektes vor sich selbst und anderen sind jedoch Widerstand, Krisen und Konflikte gleichermaßen notwendig. Beide Seiten sind gleichwertig und gleichrangig. Menschen dahingehend zu bilden, dass in der Regel als unangenehm empfundene Kritik, Widerstand und Krisen ebenso Ausdruck von respektvollem Miteinander sind wie Harmonie und Begeisterung stellt eine Herausforderung an den gesamten Prozess und die Bildungsbemühungen eines Unternehmens dar. Das chinesische Schriftzeichen für „Krise“ besteht aus der Kombination der Zeichen von „Gefahr“ und „Chance“. Besser lässt es sich kaum sagen. Die Finanz- und Wirtschaftskrise in den Jahren 2008 und 2009 hat erneut gezeigt wie wichtig es ist, Krisen als Motor für Veränderungen anzusehen und nicht erschreckt vor den Konsequenzen falschen Verhaltens zu fliehen. Organisationen, die sich ernsthaft dem abendländisch-christlichem Menschenbild in Struktur und Kultur verschreiben, sind für Krisen bestens gewappnet und werden aus **allen** Entwicklungen eines Marktes immer gestärkt hervorgehen.

6. Personalentwicklung von Organisationsentwicklung unterscheiden

Eine dem abendländisch-christlichen Menschenbild verpflichtete Organisationsentwicklung ist prozessorientiert. Je nach dem Grad der Partizipation an diesem Prozess und dem finanziellen Rahmen geht es vor allem um Bildung von prozessorientierten Schlüsselqualifikationen wie Gesprächsführung, Teamfähigkeit, Konfliktfähigkeit, Wissenstransfer und vielem mehr. Daher können Maßnahmen der Personalentwicklung nicht losgelöst von solchen der Organisationsentwicklung durchgeführt werden. Jede Organisationsentwicklung ist auch Personalentwicklung und umgekehrt. Das hier vertretene Menschenbild lehrt, das beides aufeinander bezogen werden muss und nicht unabhängig voneinander betrieben werden kann.

7. Zeit mit Prozessdenken verbinden und nicht nur mit wirtschaftlicher Nutzung von Zeiteinheiten

Klassisches betriebswirtschaftliches Denken verbindet mit der Diskussion um den Faktor Zeit fast ausschließlich Geld. Ein solches Denken verhindert die Einsicht, dass Organisationsprozesse Zeit brauchen, deren positive finanzielle Auswirkungen erst auftreten, nachdem viel Geld ausgegeben wurde, damit die Zeit für die Prozesse zur Verfügung steht. Dieses „mehr" an Zeit ist zunächst ein Widerspruch dazu, dass Prozesse ja genau dazu dienen, mehr in weniger Zeit zu erledigen. Wissenschaftlicher Konsens besteht darin, dass am abendländisch-christlichen Menschenbild ausgerichtete prozessorientierte Organisationsentwicklung sich in einem mehrstufigen zyklischen Ablauf vollzieht. Das Bild der nach oben weisenden Spirale beschreibt genau dieses. Organisationsentwicklung, die ein in ständigen Verbesserungs- und Marktadaptationsprozessen orientiertes Unternehmen zum Ziel hat, braucht auf die individuellen und institutionellen Ebene Zeitfenster, die zunächst einmal mit den finanziellen Rahmenbedingungen und dem menschlichen Bedürfnis nach schnellen Ergebnissen widersprechen. Hier ist dem Wirtschaftswissenschaftler und Organisationsentwickler Bleicher zuzustimmen, dass man „in Strukturen von gestern mit Methoden von heute an Problemen von morgen vorwiegend mit Menschen (arbeitet), die die Strukturen von gestern erbaut haben und das Morgen innerhalb der Organisation nicht mehr erleben werden." Das abendländisch-christliche Menschenbild geht davon aus, dass Verantwortung über den Tod andauert und jeder Mensch so zu leben hat, dass sein Erbe geregelt und seine Funktion ersetzbar ist. Mitarbeitende, die in einer Organisationskultur leben, die solchem Denken folgt, werden alles unternehmen, Strukturen zu schaffen, die für das Unternehmen sinnvoll und wirtschaftlich sind, auch wenn sie selbst den Erfolg dieser Anstrengungen nicht erleben werden.

8. Synergien nutzen

Der Mehrheit der Vordenker organisationaler Entwicklung im globalisierten Markt ist klar, dass die immer komplexer werdenden Strukturen und Zusammenhänge nur durch systemisches Denken und Handeln aufgrund eines klaren Menschenbildes möglich sind. Organisationen werden als offene Systeme betrachtet, die in ständigem Austausch mit ihrer Umwelt existieren und permanenter Veränderung unterworfen sind. Eine auf dem abendländisch-christlichen Menschenbild aufgebaute Unternehmenskultur- und struktur zielt daher auf optimale Nutzung aller vorhandenen Ressourcen. Die Strategie des Beherrschens von Menschen auf der Grundlage militärischen Befehls und Gehorsams weicht der Bereitstellung von Feldern, in denen die Mitarbeitenden sich gegenseitig darin unterstützen, ihre Individualitäten gemäß den Marktentwicklungen auszubauen oder zu entdecken und die anderen anvertrauten Ressourcen ebenfalls bestmöglich zu nutzen. Sie bestärken sich gegenseitig, die Qualität der Zusammenarbeit zu verbessern und damit auch die Qualität und Sinnstiftung ihrer Arbeit zu erhöhen. Das sind alles ökonomische Vorteile, deren Wert schwer zu erfassen ist, sich aber in steigenden Umsätzen und wirtschaftlicher Prosperität allgemein ablesen lässt.

Abschließend sei auf einen Aspekt verwiesen, der in den eben behandelten Merkmalen überall enthalten aber hier noch nicht genannt ist. Es ist die Sinnstiftung der Arbeit. Ein Mensch arbeitet umso besser und ökonomischer je sinnerfüllter er seine Arbeit begreifen kann. Die im abendländisch-christlichen Menschenbild angelegten Merkmale führen ja in der Kultur und Organisation eines Unternehmens dazu, dass Mitarbeitende Wissen über sich selbst erlangen und den Kollegen oder die Kollegin als gleichwertig im legitimen Anspruch auf Anerkennung und Wertschätzung seiner oder ihrer Einzigartigkeit ansehen. Dazu gehören die an die Individualität und der Rollenerwartung des Unternehmens abgeleiteten Anforderungen an die fachliche, kommunikative, emotionale und kreative Kompetenz. Wenn wegen dieser Betrachtungsweise praktisch das Ganze in den Blick genommen wird und nicht nur eine einzelne Funktion, dann können die Einzelnen der Sinnfrage nicht mehr ausweichen, da diese sich durch die Zusammenschau aller Bereiche von selbst stellt. Dieses bezieht sich nicht allein auf die Existenz von Menschen als Mitarbeitende eines Unternehmens, sondern inzwischen auf das ganze gesellschaftliche Leben überhaupt. Wenn allerdings die Sinnfrage von Arbeit zunehmend in das Zentrum aller Lebensbereiche gerückt wird, dann bekommt die Fragen der Glaubwürdigkeit zunehmend mehr Gewicht. Hier stehen wir vor einem ähnlichen Wendepunkt wie im Wechsel von funktionaler Betrachtungsweise eines Mitarbeitenden hin zu einer an der Wertschätzung von Verschiedenheit als ökonomischem Faktor orientierten. Die Frage der Motivation von Mitarbeitenden hat dann weniger mit Geld sondern mit Gewissen zu tun. Sie ist nicht mehr zu trennen von Wahrhaftigkeit und der Bereitschaft, Verantwortung für die Folgen unseres Tuns zu übernehmen. Wir hatten dieses bei der Beschreibung der Säulen des Selbstwertgefühls als zeitgemäßem Ausdruck des abendländisch-christlichen Menschenbildes bereits dargelegt. Ganzheitliche Betrachtungsweise ist ohne Sinnbezug undenkbar, denn die Zusammenhänge in komplexen Systemen erschließen sich erst, wenn der Sinn – das, was alles zusammenhält – entschlüsselt ist. Denn einzig über die Sinnfrage kann die Komplexität heutiger Marktentwicklung reduziert werden und damit handhabbar gemacht werden, ohne sie dabei selbst zu zerstören. Gelingt es, strukturelle und kulturelle Formen in einem Unternehmen zu finden, die einen Sinn für die Mitarbeitenden abzuleiten erlauben, dann können alle Ebenen von Sinn, nämlich Sinn schöpfen, Sinn leben, Sinn verfehlen, Sinn verhandeln und Sinn evaluieren so gelebt werden, dass selbst komplexeste Entwicklungen innerhalb und außerhalb eines Unternehmens auf diesen reduziert und damit verstanden werden können. Ist der Sinn einer Entwicklung aber verstanden, kann ich damit so arbeiten, dass sich aus diesem alle Maßnahmen zu seiner optimalen Nutzung ableiten lassen. Damit ist die Grundlage für eine kollektive Verantwortung aller Mitarbeitenden gelegt, die darin besteht, dass jeder und jede Einzelne die Motivation zur Übernahme individueller Verantwortung aus diesem Bewusstsein schöpft. Kreativer und wirtschaftlicher ist kein anderes System.

6.5. Teamentwicklung und -führung

Wenn wir die Grundsätze des abendländisch-christlichen Menschenbildes auf die Führung und Leitung von Teams übertragen, hat dies sowohl Konsequenzen für die Führungskraft als auch für die Teammitglieder.

Sich respektvoll zu begegnen auch in Andersartigkeit und jede und jeden so anzunehmen wie er ist, ist hierbei im Rahmen dieses Buches leicht geschrieben und in der Praxis zwar oft gesagt, aber nicht oder nur wenig gelebt.

Für die Führungskraft ist es daher neben der persönlichen Selbstreflexion eine der vornehmsten Führungsaufgaben, dem Team in regelmäßigen Abständen einen Lern- und Erfahrungsraum anzubieten. In diesem können die Teammitglieder gemeinsam mit der Führungskraft daran arbeiten, sich selbst und die gemeinsame Arbeit weiter zu entwickeln.

Nach meiner Erfahrung sind damit in der Praxis jedoch meist sowohl Führungskräfte als auch Teammitglieder in hohem Ausmaß überfordert, denn beide fürchten möglicherweise radikales Feedback zu deutlichen Unterschieden in für sie bedeutsamen Bedürfnislagen. Dies bedeutet, dass manche Bedürfnisse (beispielsweise von Teammitgliedern) anderen Bedürfnissen (beispielsweise der Führungskraft) diametral gegenüber stehen. In der Praxis wird dies oft hingenommen in

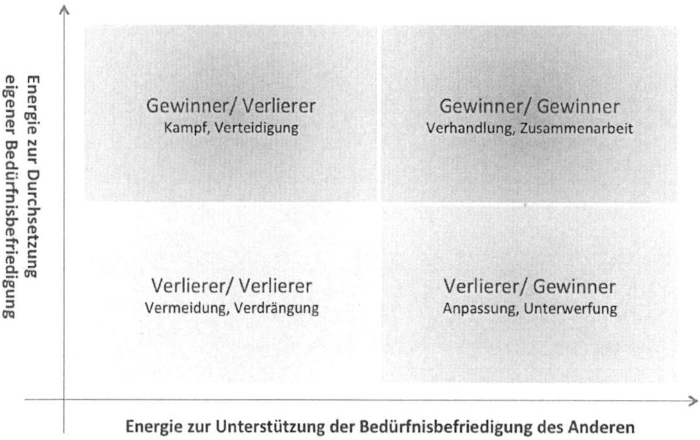

der Art, dass es besser ist, gar nicht erst den Raum zu geben, dass dies offensichtlich werden kann. Damit herrscht eine Vermeidungsstrategie vor nach dem Motto: „Was nicht geäußert wurde steht auch nicht im Raum, und das gibt es dann vorerst auch einfach in der Realität nicht." Dies ist natürlich falsch, denn die Bedürfnislagen sind dennoch vorhanden, nur eben unausgesprochen und gefühlt.

Im Sinne einer Gewinner-Gewinner-Strategie geht es im ersten Schritt darum, die in Team oder Gruppe vorherrschenden Bedürfnisse transparent zu machen. Sie müssen „auf den Tisch gelegt werden", so dass allen Beteiligten klar wird, was alle anderen gerade möchten und wichtig finden. Zentrale Bedeutung erlangt an dieser Stelle der Satz „Ich bin okay – Du bist okay" nach Virginia Satir. Nur mit dieser Grundhaltung können anschließend Lösungen erarbeitet werden, die so gut wie möglich allen Bedürfnissen gerecht werden können.

Wie kann dies in der Praxis gelingen?

Ich empfehle als Instrument die Durchführung regelmäßiger Teamklausuren oder Workshops zur Teamentwicklung. Die Begrifflichkeiten sind hierbei synonym zu den Worten Teammaßnahme oder Teamworkshop zu verwenden.

Die nachgefragte Kernkompetenz von Führungskräften ist an dieser Stelle, Bedürfnisse zunächst wertfrei wahrzunehmen, auszudrücken und anzuerkennen und andere Menschen in genau diesem Vorgang anzuleiten. Das Vorgesetztenverhalten muss sich durch Argument und Autorität legitimieren. Hierzu gibt es in der Praxis bewährte Methoden des systemischen Coachings und des sog. Reteamings. Diese Ansätze begreifen Probleme als Möglichkeiten, gemeinsam neue Ziele und Aktionsschritte zu entwerfen. Das Vehikel, dies in einem Dialogprozess mit vielen Menschen in einem Raum zu bewerkstelligen, lautet Moderationsmethode. Es werden also Diskussionsergebnisse mit Hilfe von Medien visualisiert und so in einen für alle gleichermaßen transparenten Diskussionsprozess gebracht.

Sammeln Sie dazu auf Moderationskarten an einer Pinnwand zunächst **PROBLEME** und Herausforderungen, die es derzeit im Team gibt. Beispiele: Verbrauchsmaterialien sind nicht aufgefüllt, Vertretungsregelung funktioniert nicht, gehäufte Beschwerden in Arbeitsbereich xy.... Dazu verteilen Sie Moderationskarten entweder an jede

Person oder an Kleingruppen, wenn die Runde anwesender Teammitglieder sehr groß sein sollte (über 8 Personen).

Danach leiten Sie zu den Problemen passende **ZIELE** ab. „Verbrauchsmaterialien sind immer aufgefüllt", „Bewohnerzufriedenheit steigt merklich an", etc. Passend zu den Zielen finden Sie danach **AKTIONSSCHRITTE**, mit denen das jeweilige Ziel erreicht werden kann.

Die erste Pinnwand sieht dann so aus:

Probleme	Ziele	Aktionsschritte

Pinnwand 1

Die Schritte arbeiten Sie nacheinander, also spaltenweise ab. Erst Problemsammlung, dann Ziele definieren, dann zu jedem Ziel Aktionsschritte entwickeln. Wichtig: Machen Sie die Aufgaben im DIALOG mit Ihren Teammitgliedern. So wächst die Akzeptanz für das, was Sie vorhaben und *es werden Betroffene zu Beteiligten.*

Vermeiden Sie unbedingt die weit verbreitete Suche nach „Schuldigen". Sie führt zu nichts, abgesehen von schlechter Stimmung und Schuldzuweisungen. Wenn sich stattdessen die anwesenden Teammitglieder auf die Suche nach zukunftsrelevanten Themen begeben und einen lösungsorientierten Fokus wählen, werden Sie erstaunt sein, welche guten Lösungen im Rahmen eines solch einfach strukturierten Prozesses möglich sein werden.

Im Anschluss gewichten sie gemeinsam mit der Runde (!), mit der Erreichung welches Zieles sie beginnen möchten. Wenn die Entscheidung feststeht, übertragen Sie die Aktionsschritte gemeinsam auf eine weitere, vorbereitete Pinnwand mit den Überschriften

Wer	macht was	bis wann	mit wem	Bedarf	Kontrolle
Name	Aktionsschritt 1	Datum	Mit wem zusammen?	Braucht man noch etwas dazu?	Wer kontrolliert das?
...	...	...	...	...	...
...	...	...	...	...	...

Pinnwand 2

Kleine Teamklausuren sind im organisationalen Alltag Teambesprechungen, Teamsitzungen oder Jour Fixe. Wenn Führungskräfte mit ihren Teams regelmäßig in Klausur gehen und die oben genannten Themen bearbeiten, sind auch Teambesprechungen mit wirklich teamrelevanten Inhalten plötzlich möglich und die Frage, über was man sprechen soll, erübrigt sich, da die Themen bekannt und bearbeitbar sind. Ein dauerhafter Teamerfolg lebt davon, dass das W-Schema mit den konkret formulierten Aktionsschritten und Verantwortlichkeiten in regelmäßigen Teamsitzungen immer wieder auf den Umsetzungserfolg hin überprüft wird. Hängen wir mit einzelnen Schritten hinterher? Warum? Was ist bereits erledigt? Hochleistungsteams suchen sich immer wieder neue Ziele und Aktionsschritte und bleiben so interessiert an der Zukunft und am nachhaltigen Erfolg.

Wenn eine Gruppe, die Führungskraft oder beide in solchen Prozessen noch ungeübt sind oder emotionale Eskalationen zu befürchten sind, ist eine externe Moderation zu empfehlen.

6.6. Feedbackkultur

Dieses Kapitel ist eng verwoben mit Kapitel 6.5, „Teamentwicklung und Teamführung“, denn grundsätzlich kommen alle Themen der Personal- und Organisationsentwicklung nicht ohne Feedbackprozesse aus.

Gelingende Feedback*prozesse* brauchen eine gute Feedback*kultur*. Das paradoxe ist hierbei, dass das eine das andere jeweils bedingt. Eine gute Feedbackkultur entsteht nur dort, wo man sich offen und ehrlich, konstruktiv und wertschätzend Feedback gibt, und letztes kann nur in einer Atmosphäre einer guten Feedbackkultur stattfinden.

Kulturfragen eines Unternehmens zu erörtern ist immer schwierig, weil Kultur nicht objektiv zu beschreiben ist. Was eine „gute“ Feedbackkultur von einer „schlechten“ unterscheidet, kann man nur feststellen, wenn man Kriterien definiert.

Wir möchten daher im Folgenden die konstruktiv-lösungsorientierte, positive Feedbackkultur von der destruktiv-problemorientierten (negativen) Feedbackkultur unterscheiden und auch einen Ansatz vorstellen, der hervorragend zur Etablierung einer positiven Kultur im Sinne des abendländisch-christlichen Menschenbildes geeignet ist.

Positive Feedbackkultur *Konstruktiv, lösungsorientiert*	**Negative Feedbackkultur** *Destruktiv, problemorientiert*
Akzeptanz verschiedenartiger Bedürfnislagen mit der Grundhaltung: „Ich bin okay, Du bist okay.“	Bewertung andersartiger Bedürfnislagen nach der Haltung „Du bist nicht okay“, eventuell auch „Ich bin nicht okay“
Verwendung einer positiven Sprache	Verwendung einer negativen Sprache
Lösungsorientierung – aus Problemen Ziele ableiten und Aktionsschritte definieren	Problemorientierung – Ursachenforschung und Suche von Schuldigen
„Mir ist wichtig, dass...“ „Ich brauche/ Ich wünsche mir...“	„Du bist schuld, dass...“ „Du solltest/ Du solltest nicht...“
Ich übernehme selbst Verantwortung	Ich suche die Schuld bei dem/ den Anderen

Für jedes Organisationsmitglied stellt sich zunächst die Frage, ob die eigene, innere Haltung es ermöglicht, schwierigen Kommunikationssituationen so zu begegnen, dass positives Feedback möglich wird. Dies hängt nicht zuletzt vom Selbstwert ab. Menschen mit einem schwach ausgeprägten Selbstwertgefühl, die von sich selbst denken: „Ich bin nicht okay", werden auch einem Gegenüber schwerlich mit einer Haltung von „Du bist okay" begegnen können. Sich selbst anzunehmen ist der erste Schritt. Erst dann wird man in Feedbacksituationen, die viel Empathie und Konfrontationsfähigkeit benötigen, souverän agieren können, ohne aus der Rolle zu fallen. So ergeben sich für Mitarbeitende und Führungskräfte die folgenden Entwicklungsimpulse, je nachdem zu welchem (auch selbstwertabhängigen) Grundverhalten sie neigen:

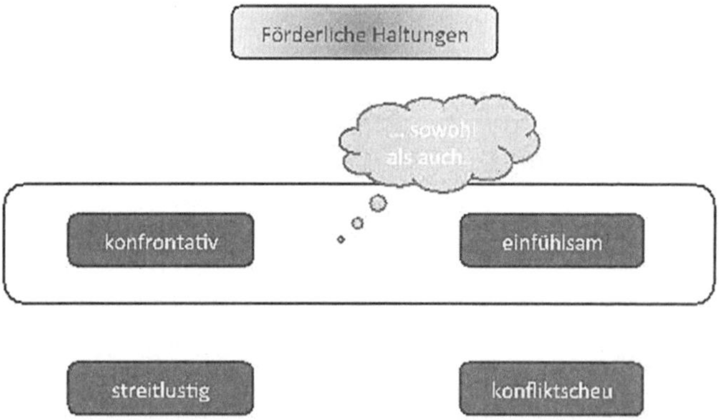

Menschen, die zu eher streitlustigem Verhalten neigen – Konflikten also im positiv gedachten Kern konfrontativ begegnen können – haben als Lernziel die Entwicklung von Einfühlungsvermögen in das Gegenüber, um den „überzogenen", positiven Wert der Streitlust abzumildern und stärker den „guten Kern" zu nutzen. Der Streitlustige muss erst einmal verstehen, was sein Gegenüber will – und das ist vielleicht etwas ganz anderes. Wem Akzeptanz nicht gelingt, kann es mit *Toleranz* („Ich toleriere Deine andere Bedürfnislage") oder mit *Wahrnehmung* („Ich sehe/ höre das, was Du brauchst") versuchen. Es ist wichtig, dass beim Gegenüber ankommt: „Ich habe das wahrgenommen, gesehen, verstanden, was Dich bewegt", und das auch auszudrücken.

Konfliktscheue Menschen, die im Kern Empathie oft schon gut beherrschen, haben als Entwicklungsziel die An- und Aussprache der eigenen Bedürfnisse und können noch mehr lernen zu sagen, was sie möchten. Sie können lernen, überzogenes Verständnis für Kommunikationspartner mit Empathie für sich selbst zu ergänzen und sich mit den eigenen Bedürfnissen wertschätzend zu befassen. Dem jeweiligen Dialogpartner gegenüber sind diese zum Ausdruck zu bringen: „Ich möchte...“, „Mir ist wichtig, dass...“, „Mein Wunsch ist...“.

Die Methodik der konstruktiven Kommunikation in vier Schritten nach Dr. Marshall Rosenberg ermöglicht das Training des konfrontativen Selbstausdrucks auf der einen Seite (linke Spalte der Tabelle S. 74) wie auch das Training des empathischen Zuhörens auf der anderen Seite (rechte Seite der Tabelle S. 74).

Bestimmte, allgemeingültige Sprachformen, die Druck erzeugen, sind im Sinne einer positiven Feedbackkultur zu vermeiden. Sie erzeugen mit hoher Wahrscheinlichkeit Gegendruck. Dieser wiederum verhindert nachhaltige Lösungen und persönliche Zufriedenheit. Gegendruck erzeugt wieder Gegendruck, also eine Eskalation – oder die Unterordnung des Gegenübers, der dann durch Angst motiviert ist: Was passiert, wenn ich diese Forderung nicht erfülle?

4 Komponenten der konstruktiven Kommunikation

(nach Marshall B. Rosenberg: Gewaltfreie Kommunikation)

Wenn ich aufrichtig von mir spreche		Wenn ich empathisch dem anderen zuhöre
Zugewandte aufrichtige Konfrontation mit meinen Anliegen und Bedürfnissen: offen und klar sagen, wie es mir aktuell geht, was ich brauche, ohne zu kritisieren oder zu beschuldigen.		**Einfühlung** in den anderen: d. h. den anderen annehmen, wie er gerade ist und einfühlsam hören, was ihn innerlich bewegt und was er braucht, ohne Vorwürfe oder Kritik zu hören.
Wahrgenommenes Verhalten und äußere Einflüsse möglichst konkret beschreiben. Hierbei Beobachtungen benennen (was eine Videokamera aufgenommen hätte) ohne sie mit Bewertungen zu vermischen. Was sehe und höre ich? Ggf. was rieche, schmecke ich? Ggf. was erinnere ich? ➢ „**Ich sehe / hört …**“ ➢ bzw. „**Ich habe gehört** …“	**1. Beobachtungen** • reine Beobachtungen wie sie eine Videokame-ra aufgezeichnet hätte • *keine Abwertung, Interpretation, Verallgemeinerung*	Nach dem beobachteten konkreten Verhalten und äußeren Einflüssen fragen. Nicht auf evtl. Vorwürfe, Beschimpfungen oder Bewertungen reagieren. ➢ „Was genau haben Sie (gestern) **gesehen und gehört?“** ➢ „Was hätte eine Videokamera aufgezeichnet?“
Inneres Erleben, eigene Empfindungen und Gefühle, die von dem beschriebenen Verhalten ausgelöst werden, mitteilen. (Was andere sagen oder tun, kann ein Auslöser für meine Gefühle sein, aber nie ihre Ursache.) Was löst das beschriebene Verhalten bzw. die äußeren Einflüsse in mir aus? ➢ „**Ich bin …**/ Ich fühle ich mich…“	**2. inneres Befinden/ Gefühle** • Nur eigene Gefühle • *keine Interpretation des anderen, keine indirekten Vorwürfe, die ein Handeln des/der anderen beschreiben und sich nicht auf mich beziehen*	Nach dem inneren Erleben, den Empfindungen und Gefühlen fragen, die das eigene Verhalten oder die äußeren Einflüsse beim Anderen ausgelöst haben und jetzt präsent sind. ➢ **„Wie erleben Sie die Situation innerlich?“** ➢ „Welche Empfindungen / Gefühle haben (hatten) Sie?“ ➢ **„Wie ist / war Ihnen zumute?“** ➢ „Wie ist es jetzt für Sie?“
Persönliche Anliegen, Interessen und Bedürfnisse, durch die meine Gefühle erzeugt werden, möglichst positiv und genau mitteilen. Die Bedürfnisse allgemein, ohne Bezug auf eine andere Person, formulieren. Was brauche ich? Was ist mir wichtig? Was fördert mich? ➢ „**weil ich … brauche**.“ ➢ Bzw. „**weil mir … wichtig ist**.“	**3. Bedürfnisse** • eigene Grundbedürfnisse, ohne konkrete Personen oder Ort und Zeit zu benennen • *keine konkreten Handlungsstrategien*	Die persönlichen Anliegen, Interessen und Bedürfnisse des Anderen aktiv erfragen und sich möglichst positiv und genau beschreiben lassen. ➢ **„Was brauchen Sie?“** ➢ **„Was ist Ihnen wichtig?“** ➢ „Was wäre gut für Sie?“ ➢ „Was liegt Ihnen am Herzen?“
Klar um das bitten, was die andere Person im Moment <u>konkret tun</u> könnte, um meine Bedürfnisse zu erfüllen – ohne zu fordern. Diese gewünschten Handlungen möglichst positiv, genau und gegenwartsbezogen beschreiben. Welches konkrete Verhalten wünsche ich mir zukünftig? ➢ „**Ich bitte Sie**…“ / „Ich hätte gern…“ / „Wäre es für Sie in Ordnung…?“ ➢ Bzw. „**Sind Sie dazu bereit, künftig**…?“	**4. Bitte** • konkrete positive Handlungsbitten, die der/ die andere jetzt erfüllen kann • *keine Allgemeinheiten* • *keine Bitten im Sinne von „Sei so!“* • *keine Forderungen, d. h. der/ die andere hat die Wahl „ja“ oder „nein“ zu sagen*	Einfühlsam annehmen, um was die andere Person bittet, ohne eine Forderung zu hören. ➢ **„Welches konkrete Verhalten wünschen Sie sich (von mir)?** Bitte beschreiben Sie positiv und möglichst genau!“ ➢ **„Hätten Sie gerne, dass ich …?“** ➢ „Wollen Sie wissen, ob ich dazu bereit bin, künftig …?“

Druck wird so erzeugt:

Bewertung	Dem Gegenüber sagen, „was ich von ihm oder seinem Verhalten halte" – alle wertenden Adjektive: Gut, schlecht, falsch, überflüssig, unverschämt
Verallgemeinerung	Immer, ständig, nie, dauernd, schon wieder, man, wir...
Vergleich	„Wie Deine Mutter" – Du/ Sie sind ja schon wie der und der... Hier ist es schon wie da und da...
Forderung	Sie müssen...
Verantwortung leugnen	Sie sind Schuld an meinen Gefühlen

Die meisten Vorwürfe sind Kombinationen aus den hier beschriebenen Druckerzeugern.

Für eine positive Feedbackkultur ist es unerlässlich, Verantwortung für die eigenen Gefühle zu übernehmen, wie es mit den vier Komponenten nach Rosenberg (siehe oben) beschrieben wird. Ich habe ein Gefühl, weil ein Bedürfnis nicht erfüllt ist (negatives Gefühl). Ich habe auch Gefühle, weil Bedürfnisse erfüllt sind (dann positive Gefühle). Ein Anderer ist nie schuld an meinen Gefühlen – sie sind lediglich durch dessen Verhalten ausgelöst worden. Wer so denkt, kann Konflikte und Probleme leichter lösen. Missverständnisse können vermieden und Lösungen gefunden werden. Jeder will zu einer guten Lösung kommen, die seine Bedürfnisse befriedigt.

Diese Haltung, die zu einer besseren Feedbackkultur in der Organisation führt, sollte man in Trainings und Seminaren einüben. Hier steht unter der Anleitung professioneller Trainer ein geschützter Raum dafür zur Verfügung. Wer „Ich bin OK, du bist OK" eingeübt hat, bringt Energie und Kreativität auf, die dem gesamten Unternehmen und besonders den Mitarbeitenden zugute kommt.

7. Versuchungen

In jedem Unternehmen - auch mit der besten prozessorientierten Struktur - gibt es strukturelle Konflikte. Denn selbst bei entwickeltester Persönlichkeit der Mitarbeitenden bleibt immer eine jedem Menschen innewohnende Unlust an Veränderungen. Kontinuität von Kultur und Struktur eines Unternehmens signalisiert bewusst oder unbewusst Sicherheit, die jedem noch so reflektiertem Mitarbeitenden einen hohen Wert darstellt. Dass eine solche Sicherheit in der Regel eine Scheinsicherheit darstellt, bleibt in der emotionalen Reaktion auf Veränderungen normalerweise unberücksichtigt. Wir können also davon ausgehen, dass sich niemand gern verändert. Wenn das so ist, dann bleiben Strukturen oder Kulturen eines Unternehmens, die sich durch Marktveränderungen oder neue Mitarbeitende ergeben müssten, häufig unverändert. Wenn sich aber nichts verändert, ergeben sich Schwierigkeiten, die beschriebenen Entwicklungen in den Ablauf eines Unternehmens sinnvoll zu integrieren. Es bildet sich durch die auftretenden Schwierigkeiten ein immer stärker werdender Veränderungsdruck, der abgebaut werden muss. Um aber den Spagat zwischen eigenem Sicherheitsbedürfnis und dem Veränderungsdruck Rechnung zu ertragen, ergeben sich oft scheinbar schnelle Reaktionen, die einerseits die Struktur unverändert belassen und andererseits die auftretenden Probleme lösen. Um den genannten Druck aber abzubauen, bieten sich zwei grundlegende Scheinlösungen an, die hier beschrieben werden sollen. Sie sind aber Scheinlösungen, weil das zugrunde liegende Problem nicht behoben wird, sondern sich sogar schädigend auf das Ganze auswirkt. Wenn nämlich Probleme unter den Teppich gekehrt werden, wachsen diese zu einem Haufen an, über den dann alle schnell stolpern. Die Scheinlösungen, die bei Veränderungsdruck von Strukturen auftauchen, lassen sich in zwei Kategorien einordnen:

7.1. Strukturelle Probleme personalisieren

Bei dieser Scheinlösung wird ein strukturelles Problem auf einen oder eine Gruppe von Mitarbeitenden verschoben. Dann hat der oder die Mitarbeitende das Problem. Ein Veränderungsdruck bei der Struktur ist scheinbar weg. Damit kommt aber auf den Mitarbeitenden ein Problem zu, das er oder sie gar nicht lösen kann. Sehr oft versuchen jedoch Mitarbeitende mit eigener Leistung oder durch Hintanstellung aller Einsichten des Arbeitslebens dieses doch persönlich zu lösen. Das kann aber nicht funktionieren. Das Problem scheint dann aber für das Ganze eines Unternehmens gelöst, und das Versagen liegt nicht an der mangelnden Veränderungsbereitschaft des Unternehmens, sondern an der scheinbaren Unfähigkeit des oder der Mitarbeitenden. Fehlt allerdings bei Mitarbeitenden die Einsicht, dass in ihrem Arbeitsbereich ein strukturelles Problem auf ihre Kosten scheingelöst werden soll, dann führt das bereits mittelfristig zu totaler persönlicher Überforderung, die dann auch entsprechende Folgen zeigt. Vielfach gründet nämlich Überforderung von Mitarbeitenden in ungelösten Strukturproblemen. Selten aber sind persönliche Unfähigkeiten die Ursache von mangelnder Arbeitsleistung. Hier gilt es klug zu unterscheiden, ob die Gründe mangelnder Zielerreichung, Zufriedenheit und Arbeitsleistung in dem Mitarbeitenden selbst zu suchen sind, oder diese durch strukturelle Probleme verursacht werden. Wer an einer wirklichen Lösung interessiert ist, wird vor allen Anstrengungen der Lösung erst einmal den wahren Ort des Problems herauszufinden suchen.

7.2. Strukturelle Probleme sakralisieren

Mit dem hier verwendeten Verb „sakralisieren" wenden wir uns zwar ins theologische, aber das ist hier genau richtig. Denn „sakral" oder „heilig" bedeutet, dass es nur Gott gehört und damit unantastbar für Menschen ist. Wenn ein Ort oder ein Gegenstand „sakral" oder „heilig" ist, gilt er von profanem Gebrauch ausgeschlossen und weder seine Eigenschaften noch seine Wirkung sind der Diskussion und der Veränderung zugänglich. Manchmal gibt es nämlich strukturelle Probleme, deren Lösung derart angstbesetzt ist, dass sich durch deren Sakralisierung eine Unantastbarkeit ergibt, und somit eine Veränderung ausgeschlossen bleibt.

Solche Verschiebung der Problemlage geschieht z.B. dadurch, dass ein als allmächtig wahrgenommenes Leitungsgremium oder ein Vorgesetzter oder eine Vorgesetzte sich mit der Struktur identifiziert und sie damit sakralisiert. Denn eine Änderung der Struktur bedeutete dann eine Infragestellung dessen, der diese gesetzt oder veranlasst hat. Die Sakralisierung von Strukturen hat immer eine Lähmung des Ganzen zur Folge. Sie ist besonders gefährlich, weil eine Lösung meist erst nach Zusammenbruch oder schwerer Krise gewagt wird. So weit darf es gar nicht erst kommen. Ein leckes Dach flickt man bei Sonnenschein. Daher muss die Struktur und Kultur eines Unternehmens die genannten Versuchungen von vornherein ausschließen.

Beiden Versuchungen sind alle Mitarbeitenden eines Unternehmens auf jeder Hierarchiestufe ständig ausgesetzt. Eine Orientierung der Struktur am abendländisch-christlichen Menschenbild stellt zumindest den Versuch dar, beide Scheinlösungen zu vermeiden. Die Erfahrungen in der Unternehmensberatung lassen den Schluss zu, dass eine Beratung oftmals den Sinn hat, genau die Scheinlösungen endlich zu demaskieren und die Prozesse in Angriff zu nehmen, die beide Scheinlösungen für die Zukunft ausschließen. Oft gelingt es nur einer Autorität von Außen, die Scheinlösungen zu benennen und damit zu entkräften. Im nächsten Schritt können dann die gebotenen Veränderungen in Angriff genommen werden, wenn das tatsächlich gewünscht wird. Andernfalls verkommt Beratung und Prozessoptimierung zur Scheinaktivität, die Veränderungsbereitschaft nur signalisiert, tatsächlich aber nicht gewollt ist.

8. Der Zusammenhang zwischen Unternehmensethik und abendländisch- christlichem Menschenbild

Unternehmen geben heute Milliarden aus, um sich in Fragen der Wirtschaftsethik beraten zu lassen. Nicht zuletzt die Skandale um Siemens und die Deutsche Bank, die wir im Kapitel Paradoxienmanagement beschrieben haben, zeigen eine Spannung an, die jedem Unternehmen innewohnt:

Maßstäbe fairen Wettbewerbs und guter Unternehmenskultur- und Ethik sind leicht zu setzen und schwer einzuhalten. Auf der einen Seite kämpfen leicht einsehbare Normen des Ehrbaren und Guten, auf der anderen Seite steht der Druck der Unternehmen, am Markt zu bestehen und sich Vorteile zu verschaffen sowie Wünsche von Menschen nach Anerkennung und materiellem Wohlstand. Auf der Grundlage des abendländisch-christlichen Menschenbildes gilt es, diese Spannung auszuhalten und nicht zu leugnen. Noch so schöne Leitbilder und ethische Richtlinien helfen nicht, wenn sie nicht gelebt werden. Dabei ist meist nicht die Frage, was denn die guten Regeln und Normen seien. Diese erschließen sich den meisten Menschen von selbst. Die Beschäftigung damit verrät manchmal, dass sie eine Ersatzdebatte sind, die eigentlichen handlungsleitenden Maßstäbe eben nicht zu verändern.

Dabei hilft es den Verantwortlichen, einmal von ihrem Ende her zu denken. Die meisten haben, um überhaupt in eine einflussreiche Stellung in einem Unternehmen zu kommen, ihre wahren Gefühle anderen verschwiegen und am Wesentlichen ihrer Existenz vorbeigelebt. In der Perspektive, einmal eine Rückschau vom Sterben her zu denken, hilft, die eigenen wirklichen Sehnsüchte zu erkennen und davon die handlungsleitenden Motive abzuleiten. Oft wollen es Menschen anderen recht machen, ihren Chefs, den Partnerinnen und Partnern, den Eltern.... Irgendwann offenbart sich diese Haltung, die jedoch das Ziel eines authentischen wirklichen Lebens verfehlt. Das abendländisch-christliche Menschenbild geht jedoch davon aus, dass ein authentisches Leben als Liebende oder Geliebter das Ziel ist.

Pflichtgefühl kann zeitweise über eine Lücke in der Sinnstiftung hinwegtrösten, sie aber nicht schließen. Eine Verführung zum Unglück ist auch, sein persönliches Glück und Wertesystem mit dem Firmenerfolg identisch zu machen. Denn kreative Spannung, das, was ein Unternehmen mit abendländisch-christlicher Kultur ausmacht, entsteht durch die Verhältnisbestimmung von Person und Rolle in der Firma. Diese in einer glaubwürdigen Ausdruckshaltung zu vereinen, haben wir als „authentisches Führen“ im entsprechenden Kapitel besprochen. Je höher eine Person in einem Unternehmen aufsteigt und ihre Verantwortung wächst, je mehr zählt die eigene Persönlichkeit und die Fähigkeit, andere zu begeistern. Fachwissen tritt in den Hintergrund.

Selbst wenn Mitarbeitende ethisch sensibilisiert sind, d.h. konkret, Verantwortung für das Unternehmen und sich selbst in ihren Handlungen übernehmen, braucht es eine Firmenkultur, die dieses auch zulässt. Krankheitsfördernde Strukturen, in denen moralisch verantwortliches Handeln gefordert, aber organisatorisch und kulturell nicht zugelassen wird, zahlen letztlich einen hohen Preis. Seine Verantwortlichen, und das sind letztlich alle Mitarbeitenden, werden solche Doppelbotschaften entweder mit Krankheit oder Kündigung beantworten oder in die innere Emigration gehen. Auch hier gelten die Regeln des Paradoxienmanagements entsprechend.

Die EU-Kommission weiß um die Schwäche von Selbstverpflichtungen der Wirtschaft. Damit erkennt sie eine grundlegende Einsicht des abendländisch-christlichen Menschenbildes an. Sie untersuchte in einer Studie wieviel von 200 großen europäischen Unternehmen sich zu international anerkannten Grundregeln der Corporate Social Responsibility (CSR) auf ihren Website bekennen. Deutschland bildete mit drei von 20 einheimischen Unternehmen das Schlusslicht von den Firmen, die sich zum UN Global Compact, der weltweit größten CRS-Initiative der Vereinten Nationen, bekennen. Dabei sind die dort grundgelegten Regeln einfach und sofort plausibel. Im Spitzenland der Untersuchung, Dänemark, waren es 15 von 20 Unternehmen, die sich dazu bekannten. Dass die Untersuchung ebenfalls zeigte, dass mehr als zwei Drittel des Managementnachwuchses sich Ethik in ihrer Ausbildung wünschten, zeigt eine Qualitätsverbesserung an. Ein Kulturwechsel in einem Unternehmen dauert in der Regel sieben Jahre und funktioniert nur, wenn die Spitzenführungskräfte in der gewünschten neuen Kultur leben und arbeiten. Alles andere wird fruchtlos bleiben.

Eine aufrichtige und gelebte Unternehmensethik gelingt, wenn sich in einem Prozess auf wenige grundlegende Regeln derselben verständigt wird oder man sich entsprechenden international formulierten Grundeinsichten anschließt und diese lebt.

Dabei darf sich niemals die Frage stellen, Unternehmensethik oder persönlicher Vorteil. Stellt sich diese Frage, ist sie in der Regel für das zweite entschieden. Das Strafgesetzbuch oder ethische Normen verhindern keine Fehlhandlungen. Handlungen im Sinne der veröffentlichten Unternehmensziele können nur von Mitarbeitenden hervorgebracht werden, die sinnstiftend arbeiten und bei denen Unternehmenserfolg und persönlicher Vorteil zusammenstimmen. Dieses gilt es herzustellen. Wo das geschieht, ist echter Erfolg und wirtschaftliche Prosperität.

Die Identifikation von Mitarbeitenden mit dem Unternehmen sollte aufgrund der Einsichten des abendländisch-christlichen Menschenbildes den Grundsätzen der Netzwerkbildung folgen, bei denen die Menschen immer nur unvollständig miteinander vergemeinschaftet werden. Die Unterscheidung Individuum – Unternehmen muss bestehen bleiben. Eine vollständige Übereinstimmung von Person und Unternehmen ist abzulehnen.

9. Exkurs: Was macht eine Institution oder Einrichtung evangelisch?

Heute müssen sich Einrichtungen oder Institutionen, die sich evangelisch nennen oder dieses als ihre Grundlage bestimmen, zunehmend fragen lassen, was denn dieses sei und wie es sich in Kultur und Organisation ausdrücke. Ich unterbreite hier einen Vorschlag, wie sich dieses formulieren und umsetzen lässt:

Evangelisch heißt, am Evangelium von Jesus Christus, wie es im Neuen Testament bezeugt ist, ausgerichtet. Das bedeutet, dass alle Handlungen eines evangelischen Unternehmens am Evangelium ausgerichtet sein müssen oder mit ihm übereinstimmen. Evangelisch ist kein konfessionelles Kennzeichen in dem Sinne, dass die Einrichtung zur Evangelischen Kirche gehört, sondern bezieht sich auf die inhaltliche Qualität „Evangelium". Nun braucht es allerdings eine griffige Formulierung, was denn, jenseits der Übersetzung des Begriffes, Evangelium als „frohe Botschaft von Jesus Christus" meint. Hier schlage ich vor, „Evangelium" wie folgt inhaltlich zusammenzufassen: Du bist geliebt, obwohl du so bist wie du bist. Dieses möchte ich kurz begründen.

Im Mittelpunkt der Überlieferung von Jesus Christus steht das dreifache Liebesgebot, Gott, den Nächsten und sich selbst zu lieben (Matthäus 22,37 und öfter) Jesus selbst beschreibt dieses als höchstes Gebot und Zusammenfassung des Gesetzes. Jeder Mensch ist von Gott in seiner Individualität gewollt und schon im Mutterleib von Gott angenommen (Psalm 139,13). Seine Lebensaufgabe ist es, der Liebe in seinem Leben Ausdruck zu verleihen. Damit antwortet der Mensch seinem Schöpfer und verweist mit seinen Handlungen auf ihn zurück. Dieses fasse ich zusammen in dem Satz: Du bist geliebt. Allerdings steht der Mensch dabei unter der Macht der Sünde, die ihn die Angst, nicht geliebt zu sein, ständig verschieben lässt. Die Angst zu haben gehört zum Menschsein dazu. Sie zu verschieben, nennt das Neue Testament „Sünde“. Ausdruck dieser Verschiebung ist, sich anzupassen oder klein zu machen oder sich über andere zu erheben und diese zu bewerten. Obwohl nun die Macht der Sünde den Menschen immer wieder sein Geliebtsein mit Füßen treten lässt, kann er doch aus der Liebe nicht herausfallen. Das drückt sich in dem konzessiven Nebensatz „obwohl du so bist wie du bist“ aus. Es beschreibt auch, dass der Mensch sich täglich ändern soll, um doch den Weg der Liebe zu gehen. Gleichzeitig kann er jedoch der Macht der Sünde nicht entfliehen.

Daher beschreibt die inhaltliche Zusammenfassung des Evangeliums „Du bist geliebt, obwohl du so bist wie du bist“ ein Spannungsverhältnis, das auf Erden nicht auflösbar ist. Ein am Evangelium ausgerichtetes Unternehmen oder eine entsprechende Einrichtung oder Institution kann folglich seine oder ihre Identität am besten in der Beschreibung von Spannungsverhältnissen formulieren. Damit verdeutlichen sich sowohl die Ansprüche, die aufgrund des Evangeliums zu verfolgen sind, als auch deren Widersprüche durch Rahmenbedingungen und Sachzwänge, die in der Regel auch allen bewusst sind. Wie mit diesen Widersprüchen umzugehen wäre, habe ich im Kapitel „Paradoxienmanagement“ beschrieben. Ebenso was die eben beschriebenen Grundlagen für die Definition von Leitbildern bedeuten.

Will sich ein evangelisches Unternehmen dem eigenen Anspruch wirklich stellen, wird das nach meiner Auffassung nur in einem Prozess umgesetzt werden können. Für einen solchen Prozess muss jedem Mitarbeitenden zunächst klar sein, welcher inhaltliche Anspruch durch das Evangelium gesetzt ist und wie sich dieses sprachlich fassen lässt. Der Satz „Du bist geliebt, obwohl du so bist wie du bist“ ist ja als Zusammenfassung anspruchsvoll und zunächst abstrakt. Er muss durch Haltungen wie Respekt und Würde aller Menschen zu achten und vielem mehr umgesetzt werden. Dieses könnte in einer ersten Fortbildungseinheit von der obersten Führungsebene bis zur Basis vermittelt werden. In einem nächsten Prozessschritt wird dann in allen Verantwortungsbereichen diese inhaltliche Qualität in der konkreten Arbeit formuliert werden und sich in Handlungen ausdrücken müssen. Dabei ist gleichzeitig die Rückmeldungskultur und in dessen Folge die weitere Annäherung an den Anspruch des Evangeliums in der konkreten Situation zu etablieren. Damit entsteht ein sich selbst regelnder Prozess, der in Struktur und Inhalt dem Evangelium selbst entspricht. Er kann kommuniziert und durch Impulse von außen durch Rückmeldungen und Kritik optimiert werden. Dass ein solcher Prozess fehlertolerant ist und den in den vorhergehenden Kapiteln erläuterten Grundsätzen entspricht, versteht sich von selbst. Als hilfreich hat sich bewährt, mit einem Detail anzufangen: Wie würde ein evangelisches Mahnschreiben bei Zahlungsverzug aussehen? Wie würde in diesem Respekt und Würde vor der angeschriebenen Person berücksichtigt? Wie würde es formuliert, wenn die Konsequenzen aus weiterer Verzögerung der Bezahlung klar benannt werden und dabei integriert wird, dass Menschen sich mit unangenehmen Problemen nicht gern auseinandersetzen? Wie kann Aufschiebeverhalten (Prokrastination) seitens der Angeschriebenen verhindert und gleichzeitig Schuldnerberatung und Hilfe angeboten werden? Das alles wären Fragestellungen aufgrund des Satzes „Du bist geliebt, obwohl du so bist wie du bist" bei einem solchen Schreiben.

Wie würde ein evangelisch eingerichteter Raum aussehen? Wie verändert sich die Kommunikation untereinander? Die Fragen lassen sich beliebig vermehren. Womit begonnen wird, ist gleichgültig. Wichtig ist, dass angefangen wird.

Voraussetzung eines solchen evangelischen Prozesses ist, dass dieser von der höchsten Verantwortungsebene getragen und gelebt wird. Nach unseren Erfahrungen werden solche Prozesse zunächst mit viel Begeisterung etabliert. Meist zeigt sich dann ein energiereicher Diskurs mit etlichen Veränderungsoptionen. Diese erzeugen allerdings auch Angst vor Veränderung, so dass die Gefahr besteht, dass der Prozess abgebrochen oder zum Schein weitergeführt wird, jedoch kein Wunsch nach ernsthafter evangelischer Struktur besteht. Daher gilt es vor jedem Prozessbeginn hinreichend zu klären, ob wahrhaftig der Wunsch und Wille besteht, sich auf evangelische Strukturen einzulassen. Wird dieses positiv entschieden, wird die evangelische Einrichtung oder Institution oder das evangelische Unternehmen in Glaubwürdigkeit, Attraktivität und Innovation letztlich unschlagbar werden und damit nachhaltig positiv wirken und auch wirtschaftlich bestehen.

10. Hinweise auf weiterführende und vertiefende Literatur

Zur theologischen Grundlegung und dem Verständnis von Menschenwürde:
Härle, Wilfried; Dogmatik, 2007
Unternehmerisches Handeln in evangelischer Perspektive. Eine Denkschrift des Rates der Evangelischen Kirche in Deutschland; 2008
Gemeinsame Verantwortung für eine gerechte Gesellschaft – Initiative des Rates der Evangelischen Kirche in Deutschland und der Deutschen Bischofskonferenz für eine erneuerte Wirtschafts- und Sozialordnung, 2014

Umfassende Monografie zum Selbstwertgefühl:
Branden, Nathaniel; Die 6 Säulen des Selbstwertgefühls: Erfolgreich und zufrieden durch ein starkes Selbst, 2010

Zur Geschichte der Führungssysteme:
Taylor, Frederick Winslow; The Principles of Scientific Management ... Amsterdam, Van Mantgem & De Does, 1909

Einführung in das Thema „Gender" und „Gender mainstreaming":
Kucklick, Christoph; Das unmoralische Geschlecht, 2012

Methoden und Strukturen für Gruppenprozesse und Lernen im Unternehmen:
CONECTA (Hrsg.); Führung leben, 2010
Nicolaisen, Torsten; Lerncoaching-Praxis – Coaching in pädagogischen Arbeitsfeldern, 2013
Rautenberg, Michael; Der Dialog in Management und Organisation - Illusion oder Perspektive?, 2010

Grundeinsichten der Kommunikation:
Schulz von Thun, Friedemann; Miteinander reden 1: Störungen und Klärungen. Allgemeine Psychologie der Kommunikation, 2010

Zum Thema Teamentwicklung:
Geisbauer, Wilhelm (Hrsg.); Reteaming. Methodenhandbuch zur lösungsorientierten Beratung, 2004

Thomann, Christoph; Klärungshilfe: Konflikte im Beruf. Methoden und Modelle klärender Gespräche bei gestörter Zusammenarbeit, 2003

Zum Thema Feedbackkultur:

Rosenberg, Marshall B.; Gewaltfreie Kommunikation. Eine Sprache des Lebens, 2004

Grundlegender Neuansatz im Konfliktmanagement:

Wolff, Martin; Ernst und Entscheidung - Eine Phänomenologie von Konflikten, 2014

Zum Nutzen von Netzwerken:

Holzer, Boris; Netzwerke, 2010

Nestmann, Frank; Netzwerkinformation und soziale Unterstützung fördern: Effektivität und Maximen der Nachhaltigkeit. in: Otto, Ullrich & Bauer, Petra; Mit Netzwerken professionell zusammenarbeiten. Bd. 1 Soziale Netzwerke in Lebenslauf- und Lebenslageperspektive, S. 131-156, 2005

Zu den Gefahren des Marktes ohne abendländisch-christliches Menschenbild:

Piketty, Thomas; Capital in the twenty-first-century, 2014

Rev. Peter Goodwin Heltzel, Ph.D.

Associate Professor of Systematic Theology, New York Theological Seminary, Associate Pastor of Evangelism, Park Avenue Christian Church, New York City
Prof. Dr. Heltzel lehrt Systematische Theologie in New York. Ein Forschungsschwerpunkt ist die „new economy".

www.peterheltzel.com

Prof. Jutta Allmendinger, Ph.D.

ist seit 2007 Präsidentin des Wissenschaftszentrums Berlin für Sozialforschung (WZB) und Professorin für Bildungssoziologie und Arbeitsmarktforschung an der Humboldt-Universität zu Berlin.

www.wzb.eu

Dr. Bertold Höcker

geboren 1958 in Kiel, Orgelbauer, Studium der Theologie und Psychologie in München, Kiel und Paris; Dipl.-Psych., Dr. theol.; langjährige Tätigkeit als Unternehmensberater im In- und Ausland, seit 2009 Superintendent des Evangelischen Kirchenkreises Berlin Stadtmitte, Theologischer Berater des Arbeitskreises Evangelischer Unternehmer Region Berlin-Brandenburg, Gesellschafter der Unternehmensberatung iucunda consulting

www.iucunda.de

Matthias Herzberg

geboren 1976 in Bonn, studierte in Köln und Essen Diplom-Pädagogik mit Schwerpunkt Personal und Organisation sowie Diplom-Sozialpädagogik. Seit 2006 arbeitet er unter seiner Marke „best patterns – Die Potenzialentwickler®" als Coach und Teamentwickler und bietet Trainings für Führungskräfte an. Daneben referiert und berät er im gesamten deutschen Sprachraum zu den Themen Führung und Motivation, Teambuilding, Persönlichkeitsentwicklung, Kommunikation und Konfliktmanagement.

www.best-patterns.com
www.matthias-herzberg.com